KB171007

의지력이 부족한
당신이 꼭 알아야 할
인생법칙

의지력이 부족한
당신이 꼭 알아야 할
인생법칙

초판 1쇄 발행 | 2018년 4월 5일

지은이 | 제임스 알렌
옮긴이 | 이선이

발행처 | 이너북
발행인 | 김청환

책임기획편집 | 이선이

등록 | 제 313-2004-000100호
주소 | 서울시 마포구 독막로 27길 17(신수동)
전화 | 02-323-9477, **팩스** 02-323-2074
E-mail | innerbook@naver.com
블로그 | http://blog.naver.com/innerbook
페이스북 | https://www.facebook.com/innerbook

ⓒ 제임스 알렌, 2018
ISBN 979-11-88414-03-1   03320

- 이 책은 저작권법에 따라 보호를 받는 저작물이므로 무단전재와 복제를
  금하며, 이 책 내용의 전부 또는 일부를 사용하려면 반드시
  이너북의 서면 동의를 받아야 합니다.

- 책값은 뒤표지에 있습니다.
- 잘못되거나 파손된 책은 서점에서 교환해 드립니다.

의지력이 부족한 당신이 꼭 알아야 할 인생법칙

제임스 알렌 지음 | 이선이 옮김

이너북

글머리에

어두운 방에 들어가면 주위가 잘 보이지 않는다. 사방이 캄캄하여 발을 내딛기조차 힘들다. 방에 있는 물건과 부딪쳐서 다칠 수도 있다.

그러나 그곳에 빛이 들어오는 순간, 모든 혼란은 사라진다. 온갖 사물이 잘 보여 부상의 위험에서도 벗어나게 된다.

대부분의 사람들은 "인생이란 캄캄한 방과 같다"고 말한다. 저마다의 문제들로 때론 실망하고, 때론 당황하거나 슬퍼하며, 때론 괴로움에 빠져 어둠 속을 헤맨다.

왜 이렇게 고통스러운 일들이 자주 일어나는 것일까? 이 세상의 법칙에 무지하고 어떻게 대처해야 하는지 모르기 때문이다. 매사가 잘 풀리지 않는다.

    그러나 아무것도 보이지 않던 사고思考에 지혜의 빛이 비추면 이런 혼란스럽던 마음은 비로소 길을 찾는다. 문제가 해결되어 모든 것이 본래의 조화 속에서 보이게 된다. 현명한 이해력이라는 밝은 빛 속에서 확실하게 주위를 살피면서 다치지 않고 많은 것을 해 나갈 수 있다.

차 례

나는 진리요 구원자이니, 내게로 오라!

당신의 죄와 고뇌, 도저히 감당할 수 없는 불안을 어깨에서 내려놓으라.

평안이라는 이름의 향유를 부어

마음속에 일고 있는 성난 파도를 잠재울 수 있다.

고독한 외톨이인 당신이여, 보라! 내가 당신과 함께 있다는 것을.

좌절하고, 버림받고, 내동댕이쳐진

당신이 향할 곳은 어디인가? 어디로 날아갈 수 있는가?

나의 변하지 않는 가슴속에 무거운 짐을 내려놓으라.

당신이 머물 곳은 내 곁이니,

모든 것은 사라지지만 나는 당신의 영원한 안식처가 되리라.

보라! 나는 고고하며, 고독한 사람의 벗이다.

연약하고 절망에 빠진 외로운 당신을 지켜 줄 것이다.

기꺼이 마음 아파하며 당신을 위해 울어 주리니,

내 곁에서 편안히 쉬라. 당신의 슬픔과 작별을 고하게 만들어 줄 것이다.

연인, 친구, 재산, 쾌락, 명예⋯⋯.

이 모든 것들은 서서히 쇠퇴하고 변질되어 사라질 것들이지만,

나는 미련을 갖는 당신을 탓하지 않는다.

그렇다고 당신이 옳다는 말은 아니다.

나의 평안이 당신을 죄와 부끄러움에서 자유롭게 하리라.

완전한 평안으로 이끌어 주는 빛

풍요로운 인생을 살고 싶은가? 또는 화려한 인생을 열망하는가? 아니면 마음을 새롭게 북돋워 줄 뭔가를 간절히 원하는가?

그런 사람을 위해 내가 전하는 말들이 도움이 되었으면 한다. 당신의 사고가 긍정적으로 변하여 이제까지 생각할 수 없었던 멋지고 행복한 삶에 이른다면 얼마나 기쁘겠는가.

우리의 인생은 자신의 사고나 생각, 행동에 의해서 만들어지는 것이다. 행복한가 불행한가, 강한가 약한가, 죄가 많은가 깨끗한가, 어리석은가 현명한가는 모두 자기 자신의 생각과 의지력에 의해 결정된다.

불행하다면, 그와 같은 마음을 만든 것은 자신이며, 그 사람의 내면에서 비롯된 것이다. 주위에서 일어나는 사건들이 영향을 끼쳤다 해도 결국 그 원인은 내면에 있으며, 주위의 사건이 진짜 원인은 아니다.

현재의 모습은 그 사람이 과거에 생각했거나 행동했던 결과물이다. 지금의 생각과 행동으로 나타나는 것이다. 의지력이 약한 사람은 스스로 마음을 약한 상태로 유지하고 있기 때문이다. 죄가 많은 사람은 죄를 많이 짓고, 지금도 똑같은 행동을 계속하기 때문이다. 어리석은 사람은 어리석은 행동을 계속해 어리석은 것이다.

이처럼 성격도, 정신도, 인생도, 자기 자신의 사고나 행동과 분리해서 생각할 수 없다. 사고나 행동을 어떻게 하느냐에 따라 그 사람의 진짜 모습이 정해진다. 즉, 사고나 행동을 의지력을 갖고 바꾸고자 노력하면 자신도 바뀐다.

인간은 의지력으로 자신의 성격을 고칠 수가 있다. 목수가 나뭇조각으로 아름다운 가구를 만들어 내듯이, 잘못을 저지르거나 죄가 많은 사람도 진리를 추구하는 현명한 인간으로 거듭날 수 있다.

사람은 저마다 자신의 생각과 행동에 대해 책임을 져야 한다. 자신의 의식 상태와 인생은 자신에게 책임이 있다. 어떠한 권력도, 사건도, 환경도 사람을 악이나 불행으로 끌어들일 수가 없다. 자신 스스로 악이나 불행을 초래하는 것이다.

사람은 자신이 결정한 대로 생각하고 행동한다. 아무리 위대한 현자나 위인이라 해도, 하물며 신이라 해도 누군가의 삶을 선하고 행복하게 만들 수 없다. 자신이 좋은 것을 선택해야 참된 행복을 느낀다.

간절히 원하고 구하면 행복한 삶으로 가는 선과 진실을 찾을 수가 있다. 그로 인해 더없는 기쁨과 평안에 이르게 된다. 어느덧 진리의 전당에는 영원한 기쁨이 넘치며, 멋진 삶을 완성해 낸 사람들은 성스러운 환희로 가득 찬다.

: 행복의 문은 언제나 열려 있다

행복의 문은 공평하다. 행복의 문으로 들어가는 것을 스스로 거부하지 않는 한 그 누구도 방해하는 일은 없다. 악마의 유혹에 굴복해 죄와 고통의 생활에 빠져 있다면, 결코 행복한 인생을 보낼 수가 없다.

대부분의 사람들이 죄와 고통 속에서 하루하루를 살아간다. 각박한 세상에서 어쩌면 당연한 모습이겠지만, 그럼에도 불구하고 누구보다도 위대하고, 숭고하며, 거룩한 인생이 존재한다. 그것은 바로 죄를 타도하고 악을 물리치는 인생이다. 현명, 행복, 친절, 고결, 평안이 충만한 인생이다.

우리는 지금의 삶을 이와 같이 훌륭한 인생으로 바꿀 수가 있다. 이런 인생을 사는 사람은 변화의 소용돌이 속에서도 신념을 잃지 않고, 불안한 상황이 엄습해도 평온하다. 다툼에 휘말려도 침착하며, 박해를 받더라도 힘들어하지 않고 오히려 연민을 느끼며 기쁨으로 승화된다. 심지어 죽음에 직면해도 담대하다.

이처럼 최고의 아름다운 인생에 악은 존재하지 않으며, 죄나 슬품이 사라져 버려 고통스럽거나 눈물 흘리는 일도 없을 것이다.

　낮은 차원에서 만족하는 사람은 인생을 승리로 이끌 수가 없다. 인생의 승리를 강하게 소망하고 의지력으로 그것을 이루려는 사람만이 손에 넣을 수 있다. 열심히 정의를 추구하며 높은 차원으로 나아가려는 사람들만이 인생의 승리를 쟁취할 수 있다. 인생의 승리는 언제나 손에 닿는 곳에 있고 모든 사람에게 손을 내민다. 그것을 받아들여 노력하는 사람은 행복하다.

　그런 사람은 진리의 세계로 발을 들여놓으며 마음의 완전한 평안에 이른다.

chapter 1

의지력이 인생을 바꾼다

위대한 사람과 평범한 사람의 근본적인 차이는 무엇일까?
바로 '사고의 차이'와 마음에 새기고 있는 '의지력의 차이'이다.
올바른 사고를 하되, 그것을 끝까지 밀고 나가는
의지가 있어야 하는 것이다.

사람은 살아간다. 사람은 자신이 생각한 그대로 살아간다. 이 두 가지 사실을 이해하고 받아들이는 것만으로도 우리는 광대한 지식의 길로 들어서게 된다. 그리고 이 길은 최고의 지혜와 완성의 길로 연결되어 있다.

인간에 대해 깊이 있는 통찰을 하려면 현실을 직시해야 한다. '인간의 본질이란 자신이 생각한 대로 살아가는 현실과는 아무런 관계가 없다'고 여긴다면 자신의 실체를 제대로 볼 수가 없다.

혹은 현실을 무시하고 '자신의 영혼은 사고나 의식과는 별개'라고 생각한다면 판단력이 흐려져 자기 자신의 본질은 물론 정신 상태도 도무지 분별할 수가 없게 된다. 자신의 의식 상태가 어떤지도 모르면서 인생을 깨달을 수 없다.

사람의 인생은 현실을 살아가는 것이다. 그 현실은 사고하고 의식하는 것들로 이루어진다. 그러므로 현재를 이루는 모든 것들을 직시하고 통찰하는 것이 지혜에 이르는 길이다.

인간은 '의식이나 사고에 제한되지 않는 고차원적인 존재'라든가 '그것을 초월한 존재'라든가 '의식이나 사고 등과는 별개의 존재'라고 생각하는 것은 탁상공론이며 현실을 무시한 접근이다. 현실에 존재하지 않는 사물을 열심히 살피는 것은 어리석음을 자초하는 것이다.

사람은 자신의 의식이나 사고와 분리해서 존재할 수 없다. 그 사람의 사고와 인생 역시 분리할 수 없다.

빛, 반짝임, 빛깔을 분리해서 생각할 수 있는가? 빛, 반짝임, 빛깔을 설명하기 위해서는 이 세 가지 요소 외에는 필요하지 않다. 의식, 사고, 인생도 마찬가지이다. 이 세 가지 요소가 전부이며, 이 세 가지가 모든 지식의 기초를 이룬다.

: 사람의 사고는 변화한다

사람은 의식 그 자체이므로 변화한다. 이미 만들어진 기성품이 아니고 진화의 가능성을 내재하고 계속 변화해 가는 존재이다. 현재의 우리 모습은 우주의 진화의 법칙에 따라 만들어진 것이며, 미래 자신의 모습으로 변화를 계속하는 중이다.

지금의 자신은 자신이 생각하는 하나하나의 사고에 따라서 끊임없이 바뀌어 간다. 경험 하나하나가 자신의 성격에 영향을 미친다. 최선을 다한 노력 하나하나가 자신의 정신 상태를 바꾸어 놓는다.

즉, 잘못된 사고와 경험들이 누적되면 사람은 타락의 길로 갈 수밖에 없다. 계속 그쪽으로 변화해 간다. 반대로 올바른 사고를 선택한다면 그 사람은 구원의 길로 갈 것이다. 어느 쪽이든 '사람은 변화한다는 법칙'이 적용된다. 따라서 이 법칙을 잘 활용하는 것이 중요하다. 올바른 사고를 하도록 노력하고 그쪽으로 의지를 갖고 변화해 갈 때 힘과 구원을 손에 넣을 수 있다.

살아 있다는 것은 사고하고 행동하는 것이다. 사고하고 행동하는 것은 변화하는 것이다.

그런데 사고의 본질을 잘 모를 경우 변화를 산만할 정도로 자주 시도하거나 나쁘게 변화하거나, 변화의 목적지가 없다. 그러나 사고의 본질을 제대로 이해하면 변화의 과정을 잘 활용하여, 좋은 방향으로만 바뀌도록 할 것이다.

자신의 사고의 방향이 확고한 사람만이 '진정한 자신'으로 살수 있다. 사고와 그 사람이 동일하다는 것은 어느 누구도 결코 예외일 수 없다. 사고를 더하거나 빼거나 한 결과로서 변화가 일어난다. 이런 수학적 법칙은 변하지 않는다.

요컨대 사람은 의식 그 자체이며, 의식은 사고로부터 성립된다. 그리고 사고는 바뀌는 것이므로, 사고를 의도적으로 바꾼다면 사람 자체도 바뀔 수 있다.

: 마음을 정화시켜야 한다

어떠한 정신적인 가르침도 사람의 사고, 즉 생각이나 마음을 순수하게 정화시키는 것을 목적으로 해야 한다. 부분적이든 완전하게든 이 방향으로 성공한 것을 '구제'라고 한다. 그것은 지금의 사고, 지금의 의식 상태에서 해방되어 보다 나은 다른 사고, 다른 의식 상태로 전환되어 가는 것이다.

오늘날 정신적인 가르침을 설파하는 많은 사람들이 이것을 놓치고 있다. 그들 머릿속에는 자기 멋대로 만든 허황된 이론으로 가득 차서, 정작 진실을 덮어 버리고 있다. 그런데도 깨닫지 못한 채 잘못된 가르침을 계속하고 있다.

그러나 여러 종교를 부흥시킨 위대한 현자들은 진실을 바탕으로 가르침을 설파한다. 현자들이 거듭 강조하는 것은 마음을 정화시켜 올바른 사고와 행동을 하는 것이다. 그렇게 하면 지금보다 더 숭고한 사고가 가능해져서, 강력한 힘, 더없는 행복, 지극히 복된 세계를 소망하는 의지력을 갖게 된다.

어느 시대건 고상한 사고, 평온한 정신, 폭넓은 지식을 추구하는 사람은 세 가지 방법을 실천해 왔다. 바로 향상심, 명상, 헌신이다.

또한 구약성경에 "대저 그 마음의 생각이 어떠하면 그 위인도

그러한즉"이라는 구절이 있다(「잠언」 23장 7절). 마음속의 생각이 그 사람을 만든다는 의미이다. 새로운 사고 습관을 마음속에 세우면 새로운 사고가 가능해지고 새로운 사람이 될 수 있다. 더 이상 어리석은 일, 어리석은 행동으로 자신을 괴롭히지 않게 된다.

단순한 흉내가 아니라 끊임없는 노력과 마음 깊이 내재된 힘을 믿고 예수처럼 생각하다 보면 그 사람은 예수처럼 되는 것이다.

: 위대한 사람과 평범한 사람의 차이

불경佛經에는 신앙심과 지혜가 없는 사람이 부처에게 이렇게 묻는 예가 있다.

"어떻게 하면 최고의 지혜와 깨달음을 얻을 수 있는지요?"

부처는 다음과 같이 답한다.

"모든 욕망을 버려야 한다."

이에 질문을 한 사람이 자신의 욕망을 완전히 버리자 비로소 최고의 지혜와 깨달음을 얻게 된다.

또한 부처의 말씀에 이러한 예도 있다.

"현자가 스스로 일으키는 기적이란 죄 많은 사람을 성자로 바꾸는 능력이다."

미국의 철학자 에머슨도 생각을 바꾸는 힘에 대해서 이렇게 말했다.

"위대한 사람이 되는 것은 평범한 사람이 되는 것만큼이나 쉽다."

이 말은 유명하여 자주 인용되는데, 신약성경의 다음의 말씀과도 닮아 있다.

"하늘에 계신 너희 아버지의 온전하심과 같이 너희도 온전하라"(「마태복음」 5장 48절).

그렇다면 위대한 사람과 평범한 사람의 근본적인 차이는 무엇일까? 도대체 뭐가 다른가?

그것은 '사고의 차이'와 마음에 새기고 있는 '의지력의 차이'이다. 올바른 사고를 하되, 그것을 끝까지 밀고 나가는 의지가 있어야 하는 것이다. 특히 의지력은 일시적이고 제한적일 수 있는 사고를 지속적으로 유지할 수 있는 힘이기에 더욱 중요하다.

'지식의 차이'라고 주장하는 사람도 있을 것이다. 하지만 지식과 사고는 분리할 수 없다. 나쁜 사고를 좋은 사고로 바꿔 놓을 때마다 지식도 크게 진보하기 때문이다.

즉, 밑바닥 인생부터 최고로 모범적인 인생에 이르기까지, 어떤 인생을 산다 해도 자신의 사고와 의지가 자신의 성격, 환경, 지식을 결정한다.

: 현자는 사고의 지배자이다

보통의 사람들은 주위로부터 자극을 받고 나서야 무언가를 생각하기 시작한다. 그 생각 가운데 큰 비중을 차지하는 사고에 충동적으로 내몰리면서 변화의 길을 더디게 걸어가게 된다. 그러나 매사 신중히 생각하는 현자는 자신이 결정한 길을 머뭇거림 없이 의지력을 갖고 현명하게 걸어간다.

보통 사람들이 자기 마음이 어떤 상태인지 깨닫지 못하고 생각, 곧 사고의 노예가 되는 반면, 현자는 사고의 지배자로 현명한 선택을 한다. 보통 사람들이 그때그때의 충동에 따라 찰나의 즐거움이나 행복만을 좇지만, 현자는 충동을 다스리고 통제하며 언제나 올바른 법칙을 따라간다. 충동적으로 행동하는 사람들은 올바른 법칙을 파괴하고 만다.

이와 같이 현자는 인생에서 진실을 뚜렷이 구별하고 사고의 본질을 잘 알고 있다. 자기 자신에 대한 법칙을 이해하고 굳건한 의지로 지혜롭게 따른다. 그러나 충동에 따라 행동하다가 결국 괴로움을 맛보는 보통 사람들도 원한다면 마음의 눈을 뜨고 사물의 진짜 본질을 파악할 수가 있다.

현자는 현명하고 빛나며 침착하다. 보통 사람은 혼란스럽고 어둡고 불안정하다. 그러나 둘 다 본질적으로는 마찬가지이며 생각하는 내용에 따라 현명함과 어리석음이 구별되는 것이다.

보통 사람도 어리석은 생각을 떨쳐 버리고 현명한 사고를 한다면 현자가 될 수 있다.

: 현명한 사고를 선택하면 현자가 된다

소크라테스는 "덕德은 지知가 된다"라고 말했는데, 많은 현자들이 그렇게 생각해 왔다. 배우는 것은 분명 지혜에 도움이 되지만 그것만으로는 최고의 지혜에 이를 수 없다. 현명한 지식을 선택하고 현명하게 행동해야 최고의 지혜에 도달할 수 있다.

학력이 높다 해도 정작 인생이라는 학교에서는 어리석은 일을 하고 있을지도 모른다. 단순히 지식만을 주입해서는 안 된다. 순수하고 고결한 사고를 확립해야 비로소 지식이 빛을 발하며 마음에 평안을 이룬다.

어리석음과 지혜, 무지와 깨달음은 사고 그 자체라고 할 수 있으며, '원인과 결과', '노력과 결과'라는 두 가지가 사고 속에 내포되어 있다.

> 우리 모두는 자신이 해 온 사고의 결과이다.
> 자신의 사고를 바탕으로 하고 있다.
> 자신의 사고로 완성된 것이다.
>
> — 『법구경』 제1장 1절

사람은 영혼을 '소유'하고 있는 것이 아니다. 사람 그 자체가 영혼이다.

생각하고 행동하고 이해하는 것은 바로 자기 자신이다. 그 사람의 정신적 요소를 만들어 놓은 것이 바로 자신이다. 그 사람의 본질은 그 사람의 생각 범위 내에서 빚어진 것이다. 욕망과 슬픔, 즐거움과 괴로움, 좋고 싫음이 그 사람이다. 의식이란 공상적인 인간을 초월한 영혼의 도구가 아니다. 사람 그대로가 영혼이며, 의식 그 자체가 인간인 것이다.

사람은 자기 자신을 알 수가 있다. 있는 그대로의 자신을 보면 된다. 그러기 위해선 지금까지 착각에 빠져 만들어 놓은 '현실이 배제된 가공의 세계'에서 벗어나야 한다. 현실을 마주할 준비가 되었을 때, 그 사람은 있는 그대로 자신을 볼 수 있을 것이다.

자신이 바라는 대로 자신을 표현할 수도 있고, 새로운 사고와 의지력을 통해 새로운 인간으로 거듭날 수도 있다. 매 순간 선택의 기로에 서 있다. 언제 어떤 경우에도 모든 것이 운명의 순간인 셈이다.

chapter 2

법칙을 따르면 행복해진다

최고의 법칙은 굉장히 쉬울뿐더러,
영원히 공평하고 너그러우며 틀림없이 작동이 된다.

'법(법칙, 법률)'이란 말은 '가혹하다' 혹은 '냉혹하다'라는 인상을 심어 준다. 많은 사람에게 법은 완고하기 짝이 없는 절대군주처럼 보이기 때문이다.

사람들은 주변 대상을 바라볼 때 흔히 한쪽으로 치우쳐 이해하려는 경향이 있다. '법'도 예외가 아니다. 예를 들어 법적 기관인 경우 오로지 벌을 주는 곳으로 생각하는 경향이 강하다. '법을 어긴 사람을 체포해, 무조건 처벌하는 곳'으로 생각하기 일쑤다.

그러나 법이 사람을 처벌하는 것은 맞지만 법의 첫째 역할은 먼저 사람을 보호하는 것이다. 개인이 규제를 만드는 것은 본능적으로 스스로를 지키기 위함이다. 마찬가지로 국가의 법률은 국민의 생명이나 재산을 지키기 위해 제정되었고, 처벌을 위해 적용되는 것은 법에 위반한 경우뿐이다.

법률을 위반한 사람은 처벌을 받아야 하기에 '법률을 무자비하고 끔찍한 것'이라고 생각할 것이다. 반면 법률을 잘 지키는 사람들에게는 법률이 신뢰할 수 있는 보호자이며, 친구이고 두려워할 필요가 없다.

법률이 이럴진대, 하물며 세계를 지탱하는 기둥이며, 질서의 중심이자 생명이라 할 수 있는 '신성한 법칙'은 어떻겠는가. 곧 우리 인생의 흐름을 만들어 가는 '자연의 법칙'으로서 우리와 더욱 긴밀하게 연결된다. 우리를 보호하고 유지시켜 주며, 벌을 주기보다는 마음의 평화와 행복을 지켜 주는 것이다.

실제로 이 법칙은 언제 어떠한 경우에도 영원히 우리를 보호해 주기 위해 작동한다. 의도적이든 아니든 간에 법칙을 위반하면 고뇌가 따르지만, 그 고뇌로부터 우리를 지켜 주고 고뇌를 없애 주는 것도 바로 이 법칙이다.

: 법칙은 끝없이 너그럽다

법칙은 사람을 차별하지 않는다. 누구에게나 일관적으로 적용된다. 우리가 법칙을 따르지 않으면 상처받지만 법칙을 따르면 행복해진다.

뇌물을 건네거나 눈물로 호소해도 법칙을 바꿀 수는 없다. 마음대로 법칙을 바꾸거나 무효화시킬 수 있다면 이 세계는 붕괴되고 혼돈의 도가니에 빠지게 된다.

우리가 올바른 행동을 했을 때 상을 받는 것은 당연하고 나쁜 행위에 대해서 벌을 받는 것은 가혹하다고 생각한다면 어리석은 착각이다. 만약 무지하거나 죄를 짓고도 도망칠 수 있다면 치안은 기대할 수 없고, 안전한 장소도 없어질 것이다. 마찬가지로 지혜나 선행의 결과도 보상받지 못할 테니 혼란만 야기될 것이다. 그런 무질서가 초래된다면 얼마나 끔찍하겠는가.

따라서 이 세상이 질서 있게 유지되기 위해 법칙은 누구에게나 참으로 공평하고 너그러운 방법이 아닐 수 없다. 실제로 최고의 법칙은 굉장히 쉬울뿐더러, 영원히 공평하고 너그러우며 틀림없이 작동이 된다.

> 영원한 사랑은 사라질 줄 모르고
> 언제까지나 영원히 자유롭게 흘러간다네.
>   – 존 그린리프 휘티어, 찬미가 「영원한 사랑은 사라질 줄 모르고」에서

이와 같이 법칙은 이러한 기독교의 찬미가뿐만 아니라 불교의 가르침이나 시가에 자주 등장하는 '무한한 자비심'과도 상통한다.

즉, 법칙은 우리를 벌하기도 하지만 우리를 지켜 주기도 한다. 무지한 사람들이 자멸의 길을 택할 때도 법칙과 같은 영원한 존재는 도움의 팔을 내밀어 준다. 때로는 고뇌에 찬 방법일지라도 사랑을 갖고 법칙은 우리를 지켜 주려는 것이다.

우리는 괴로움을 겪을 때마다 '신성한 지혜'를 알게 될 것이다. 또 축복을 받을 때마다 '위대한 법칙'이 완벽하다는 것을 실감할 것이다. 그리고 '신성한 지혜'를 자산으로 둘 때, 완전한

행복도 자기 것이 될 수 있음을 배우게 될 것이다.

우리는 배워야만 향상될 수 있다. 그리고 어느 정도까지는 고통을 통해 배운다. 사랑도 그렇다. 마냥 행복하고 좋을 수 만은 없다. 때론 괴로움과 아픔도 따르지만 마음이 사랑으로 가득하다면 사랑의 법칙이 놀라울 정도로 너그럽고 상냥하다는 것을 알 수 있다. 고통을 수반해도 배워야 하는 이유이다.

지혜를 익히는 순간 마음의 평온이 찾아온다.

: 누구도 법칙을 바꿀 수는 없다

우리는 세상의 법칙을 바꿀 수 없다. 그것은 너무나 완벽하기 때문이다. 그러나 우리 자신을 바꾸면 그 완벽함에 한층 가까이 갈 수 있으며, 그 위엄을 어느 정도 닮아 갈 수 있다.

완전한 것을 불완전한 것으로 끌어내리는 것은 더없이 어리석지만, 불완전한 것을 완전한 것으로 끌어올리려는 노력은 지혜의 극치이다.

세계 질서를 아는 사람들은 사물의 구조와 이치에 대해 비관

적이지 않다. 그들은 온 세계의 완벽한 법칙을 인지하고 불완전하고 무질서한 것들은 영원하지 않음을 잘 알기 때문이다. 위대한 현자들은 영원한 기쁨과 평안을 얻은 사람들이다.

　사악한 욕망에 눈이 먼 사람은 이렇게 부르짖는다.

> 사랑하는 그대여! 그대와 내가 신과 공모해서
>
> 사물의 가련한 구조를 완전히 이해할 수 있다면
>
> 그것들을 가루로 만들어 버린 뒤
>
> 더욱더 마음의 욕망에 가깝도록 그 사물의 구조를 새롭게 하고
>
> 싶구나!
>
> 　　　　　　　　　　　　　　　– 오마르 하이얌*, 『루바이야트』에서

　이것은 육체적 욕망의 본능을 좇아 쾌락에 탐닉하고 싶지만, 그로 인해 당연히 수반될 고통은 조금도 받고 싶지 않다는 소망

---

* 페르시아의 시인·천문학자·수학자. 그의 4행 시집인 『루바이야트』는 피츠제럴드가 영어로 번역한 후로 유명해졌다.

을 노래한 것이다.

이런 사람일수록 이 세계가 '사물의 가련한 구조'로 이루어져 있다고 보고, 세계를 자신들의 의지와 욕망대로 비틀어 놓고 싶어 한다. 법칙을 준수하기보다는 오히려 법에 맞서기를 원한다.

그러나 현명한 사람은 자신의 의지를 굽혀 욕망을 '신성한 질서'에 맞추려 한다. 그리고 이 세계는 수많은 요소가 질서 정연하고 완벽하게 구성된 것이라고 생각한다.

부처는 우주의 정신적인 법칙을 언제나 '좋은 법칙'이라고 말하고 있다. 만약 정신적인 법칙을 좋은 것이 아니다라고 생각한다면 법칙을 올바르게 이해할 수가 없다.

정신적인 법칙에는 나쁜 것은 전혀 없고 오직 온유하고 관대하다. 법칙은 약자를 억압하고 무지한 사람을 파멸로 몰아넣는 냉혹한 괴물이 아니다. 온화한 사랑과 깊은 자비심으로 힘없는 사람들이 상처받지 않도록 지켜 준다. 그리고 강자가 그 힘을 파괴적으로 사용하지 못하도록 막아 준다.

이 법칙은 모든 악을 파괴하고 모든 선을 지켜 준다. 연약한

묘목 같은 우리를 감싸 지키면서 거대한 잘못은 단숨에 분쇄해
버린다.

　이 사실을 이해한다면 사물을 보는 시각이 행복으로 가득 찰
것이다. 이 사실을 아는 것만으로도 마음의 평안을 얻고, 영원
히 기쁨으로 충만할 것이다.

　공정하게 일하는 것이 법칙이다.

　누구도 그것을 피할 수 없으며, 멈출 수 없다.

　그 중심에 사랑이 있고,

　마음의 평화와, 훌륭한 영혼의 완성을 목적으로 한다.

　그러므로 그것을 따라야 하는 것이다.

　　　　　　　　　　　　− 에드윈 아놀드, 서사시 『아시아의 빛』에서

chapter 3

정신적 가치와 물질적 가치를
구분해야 한다

세상의 모든 물건에는 가격이 매겨져 있다.
물질적인 것에는 물질적인 가격이 있고,
정신적인 것에는 정신적인 가격이 있다.

"모든 물건에는 가격이 있다"라는 오래된 속담이 있다.

이것은 상업상에서 통용되는 이야기로 누구나 잘 알고 있지만, 정신을 고양시키는 데도 그에 합당한 대가를 지불해야 한다는 사실은 잘 모르는 것 같다.

장사란 같은 값의 물건을 서로 교환함으로써 성립된다. 손님은 돈을 지불하는 대가로 물건을 받고, 주인은 상품을 건네주고 돈을 받는다. 이것은 어느 곳이든 공통된 방법이며, 누구나 당연하게 생각한다.

정신적인 것을 얻고 싶을 경우에도 이 원리는 적용된다. 다만, 대가로 지불하는 형태가 다를 뿐이다. 장사는 돈과 물건을 교환할 수 있지만, 그 사람의 미덕이나 장점은 물건이나 돈으로 바꿔서 얻을 수가 없다. 정신과 물질은 서로 다르기 때문에 교환할 수가 없는 것이다.

예를 들어 가게에서 먹을 것이나 옷 등을 구입할 때 가지고 있는 돈만큼의 상품을 살 수가 있다. 그러나 진리를 가르치는 사람에게 "1만 원어치의 신앙, 진실, 지혜를 주세요"라고 말하면 어떨까. 당장 "이런 것은 돈으로 살 수 없다. 정신적인 것을 장사하듯 거래할 수 없다"라며 면박을 당할 것이다.

이때 진짜 현자는 면박 대신에 알맞은 대가를 지불하고 원하는 고고한 정신을 얻어 가라고 말할 것이다. 정신적인 것을 얻는 것만큼 돈 대신 특별한 무언가를 지불해야 한다. 요컨대 자아의식이나 자신의 이익을 갈구하는 마음을 내려놓는 것이다. 즉, 자기본위의 마음을 버린다면 틀림없이 같은 분량의 신앙, 진실, 지혜를 받을 수 있을 것이다.

더욱이 돈을 지불하고 얻은 음식, 의복 등은 언젠가 사라져 버릴 것들이지만, 자기본위의 마음을 내려놓고 정신적인 자양

분이나 설 곳을 찾았다면 그것은 사라지지 않을 것이다.

이러한 법칙은 평범한 사람이든 고상한 사람이든 모두에게 적용될 수 있다. 설령 우리 눈에 이 법칙이 잘 보이지 않을지라도 법칙은 절대적으로 확실히 존재하고 있다.

: 물질적인 것을 교환하는 의미

돈을 아무리 움켜쥐려 해도 인생에서 물질적으로 즐거움을 얻으려면 돈을 지불해야 한다. 마찬가지로 자기본위의 마음에 집착한다 해도 정신적으로 편안해지고 싶다면 그것을 내려놓지 않을 수가 없다.

상인이 손님에게 물건을 건네주고 돈을 받아도, 결국 그 돈은 다시 상품을 사들이는 데 쓰게 된다. 장사의 기본 역할은 돈을 모으는 것이 아니라 상품의 교환을 촉진하는 것이다.

수전노는 최악의 실패자이며 대부호가 되더라도 영원히 만족을 모르고 죽을 것이다. 그것은 돈이라는 형태에만 집착하고 돈이 가진 본연의 의미인 교환의 기능을 제대로 알지 못하기 때문이다.

돈은 수단이지 목적이 아니다. '상품을 제대로 인수했다' 라는 표시로 돈을 지불하는 것이다. 그러므로 장사란 여러 가지 업종으로 나뉘지만 기본적인 원칙은 하나이다. 곧 '생활에 필요한 물품을 서로 교환하는 것'이다.

: 정신적인 것을 교환하는 의미

그렇다면 이 원칙을 정신적인 세계에 적용해 보자.

정신적인 풍요를 추구하는 사람은 정신적인 것, 즉 상냥함, 배려, 사랑 등을 주고, 그 대가로 행복을 얻는다. 그리고 그 행복을 혼자만 향유하지 않고 다른 사람에게 나누어 주고 다시 정신적인 것을 얻게 된다. 정신적인 풍요로움을 추구하는 것은 개인적인 기쁨을 독차지하기 위함이 아니라 행복을 서로 나누고 교환하기 위한 것이다.

반면 자기의 이익이나 즐거움만을 목적으로 하는 자기본위의 사람은 마음의 세계에서는 수전노와 다름없다. 그래서 언제나 자신의 즐거움을 채워 줄 것들로 둘러싸여 있어도 정신적으로는 뭔가 부족함을 느낀다. 표면적인 행복만을 좇다 보니, 행복의 참의미인 다른 사람의 이익을 위해 서로 나누는 것을 모르기 때문이다. 자기본위의 경우 오로지 개인적인 즐거움과 행복에만 초점이 맞춰 있다.

정신적인 것을 추구할 경우 미덕을 넓히는 것이 목적이 되어야 한다. 그러므로 정신적인 가르침에는 온갖 유파가 있지만, 그 핵심은 하나의 기본 원칙으로 정리될 수 있다. 그것은 바로 '정신적인 은혜를 서로 교환하는 것'이다.

: 정신적인 은혜를 많은 사람과 나눈다

그럼 정신적인 은혜란 무엇일까? 상냥함, 우애, 친절, 배려, 인내, 강인함, 신뢰, 온화함, 영원한 사랑, 무한한 자비 등의 미덕이다.

이러한 은혜는 주리고 메마른 영혼에 필요한 것이므로 대가를 지불하고 얻을 수 있다. 불친절, 무자비함, 악의, 무정함, 분노, 성급함, 의심, 적대심, 증오, 모함 등 지극히 개인적인 부분을 내려놓는 것이 그 대가이다.

이런 정신적인 화폐는 그 자체가 죽은 것이며 포기하고 내려 놓을 경우, 곧바로 정신적인 보상을 받을 수가 있을 것이다. 즉, 사라지지 않는 생생한 행복을 맛볼 것이나.

상인에게 돈을 주고 상품을 받았다면 그 지불한 돈을 다시 돌려받고 싶다는 생각은 하지 않는다. 그 돈으로 교환한 물건에 대해 만족을 느낀다.

마찬가지로 올바르지 않은 마음을 버리고 대신에 좋은 마음으로 바꾸어 받았다면 자기본위의 즐거움을 되돌려 받고 싶다고는 생각하지 않는 법이다. 기꺼이 포기해 버렸기에 만족스럽고 흡족하다.

또 선물을 주는 경우에 그것이 물질적인 것이라 해도 받은 사람에게 대가를 돈으로 되돌려 달라고 하는 건 거의 없을 것이다. 선물을 주는 것은 정신적인 행위로서 장사의 흥정과는 다르다.

이때 교환한 물질적인 것은 정신적인 은혜를 교환했다는 표시인 동시에 기쁨이며, 선물을 했다는 즐거움과 선물을 받았다는 즐거움의 표시이다.

: 정신적인 것은 매매할 수 없다

신약성경을 보면 "참새 두 마리가 한 앗사리온*에 팔리지 않느냐"라는 말이 나온다(「마태복음」 10장 29절).

비단 참새뿐만 아니라 세상의 모든 물건에는 가격이 매겨져 있다. 물질적인 것에는 물질적인 가격이 있고, 정신적인 것에는 정신적인 가격이 있다.

그런데 이 두 종류의 가격을 혼동해서는 안 된다. 정신적인 것을 돈으로 사려고 한다든지 물질적인 즐거움을 미덕으로 사려고 하는 것은 독선적이며 어리석은 방법이다. 그것은 정신적인 가치를 상품으로 간주해 물질적인 것으로 교환하려는 것이기 때문이다.

---

* 로마의 화폐 단위로 동전의 명칭.

배려와 친절, 사랑은 돈으로 살 수 없다. 정신적으로 주고받는 것이다.

선물을 줄 경우에도 순수한 마음으로 임해야 한다. 조건을 내건다면 그것은 이미 선물이 아니다. 모든 물건에는 가치가 있으므로 아까워하지 말고 내어 준다는 생각으로 베풀어 보라. 결국 그 선의의 대가가 자신에게 돌아온다.

독선적이고 자기본위의 생각을 포기하는 사람은 보다 큰 행복을 얻게 된다.

이와 같이 이 세계는 더없이 공평하며 그 공평함은 완벽하다. 이것을 이해한다면 의심이나 걱정은 있을 수 없다. 그저 놀랍고 기쁠 뿐이다.

chapter 4

균형 감각을 키우자

'사물을 왜곡하지 않고 보는 능력'은
'사물을 있는 그대로 보는 능력'이라고 말할 수 있다.
우리는 이기적인 인생에서 벗어나
이 능력을 길러 나가야 한다.

악몽을 꿀 때 일어나는 사건들은 맥락이 없다. 모든 것이 엉터리이고, 두서없으며, 참혹한 상황을 맞는 것이 보통이다.

현자는 사리사욕만을 추구하는 삶을 악몽에 비유한다. 이기적인 인생은 자신의 사리사욕에 눈이 멀어 사물의 경중을 올바르게 보지 못한다. 심지어 자신의 목적에 반하는 것들은 악영향을 끼치는 것들로 치부해 부담스러워하고 경계한다.

이러한 인생은 쉽게 열에 들떠 흥분하고, 압도되는 상황에 직면할 경우 자기통제가 힘들며 재난으로 가득하다. 그것은 마치 악몽과 다를 바 없다. 우리가 악몽을 꾸는 동안은 사물을 통제할 수 있는 의지력이나 주위를 지각하는 지성은 잠들어 있다.

이기적인 인생에서도 좋은 자질이나 마음속의 미덕에 대한 지각력이 깊은 수면 속에 갇혀 있는 셈이다.

마음이 미성숙하면 자기에게 닥친 문제를 과장해서 생각하는 법이다. 하나의 대상과 다른 대상과의 관계를 올바르게 보지 못한다. 그 때문에 주위에 있는 모든 것들이 아름답고 조화롭다는 것을 깨닫지 못한다.

'사물을 왜곡하지 않고 보는 능력'은 '사물을 있는 그대로 보는 능력'이라고 말할 수 있다. 우리는 이기적인 인생에서 벗어나 이 '있는 그대로 보는 능력'을 길러 나가지 않으면 안 된다. 이런 능력을 발휘하여 세상을 살핀다면 모든 지성과 품위를 갖추게 되고 악몽 같은 삶과도 멀어질 것이다.

물론 세상뿐만 아니라 정신세계로 눈을 돌리면 이러한 능력이 여전히 부족함을 느낄 것이다. 더 훈련해야 한다. 그리하여 정신세계에서도 있는 그대로의 모습을 볼 수 있다면 더 이상 탄식과 비탄에 빠질 필요가 없다는 것을 알게 될 것이다.

: 사람은 왜 괴로워할까

슬픔, 불안, 공포심, 골치 아픈 일은 왜 생기는 걸까?

매사가 자기 뜻대로 되지 않기 때문이다. 또한 지나친 욕망 때문에 사물의 경중을 올바르게 볼 수 없기 때문이다.

슬픔에 젖어 있을 때는 자신이 잃은 것밖에 보이지 않는다. 슬픔만이 확대되어 인생의 전체 모습이 보이지 않는 것이다. 그래서 슬픔 자체는 대단한 것이 아니어도 고통스러운 본인에게는 큰일처럼 느껴져서, 인생의 다른 일들과 비교했을 때 어느 것이 중요한지를 분별하지 못한다.

사람들은 어느 정도 나이를 먹으면 종종 자신의 과거를 회상하다가 피식 웃곤 한다. 당시엔 엄청난 문제로 여겨져 슬픔에 젖거나 절망의 나락에 빠져 불안에 떨었는데, 이제 와서 생각해보니 '별일 아니었다는 것을' 깨닫는 것이다. 오늘 자살하려다 멈춘 사람도 10년이 흐른 뒤에는 왜 그때 하찮은 일 때문에 쓸데없는 짓을 하려고 했을까 하고 놀라워할 것이다.

마음이 감정에 지배당하거나 혹은 슬픔에 젖어 있을 경우에

판단력을 잃어버린다. 사물을 신중하게 바라볼 수 없게 한다. 마음이 혼란스러워져 사물의 상대적인 가치 판단이나 균형 감각을 유지할 수 없다.

마치 눈을 뜨고 활동하는 듯 보여도, 가위에 눌려 자유롭게 움직일 수 없는 악몽과 같은 상태이다.

: 선입관은 사물의 본질을 흐리게 한다

당파심이 강한 사람은 사물의 가치를 정확하게 볼 수가 없다.

이들은 자기 자신, 자신의 진영, 자신의 견해는 무엇이든 올바르며 반대자는 모든 것이 나쁘고 틀렸다고 생각한다. 이런 불공평한 시각 때문에 사물에 대한 판단이 편견에 사로잡혀 있다.

이분법적으로 바라보다 보니 그들에게 어떤 문제가 주어졌을 때, 한쪽으로 치우쳐 진정한 정의를 기대하기 어렵다. 자신의 진영은 모든 것이 올바르고 타의 진영은 설령 지성을 구비해도 모든 게 틀렸다고 확신하므로 공정할 수가 없기 때문이다.

자신의 길을 밀어붙이거나 자신의 진영이 지배권을 가져야만 진정한 정의라고 생각하는 것이다.

: 정신적인 균형 감각

　물질적인 것에 대해 정확한 가치 판단을 할 수 있다면 편견이나 배타심이 사라지며 정신적인 면에서도 조화를 이루게 될 것이다.

　진정한 예술가는 무엇이든 추하게 여기지 않고 아름답게 바라본다. 다른 사람에게는 소름 끼치는 모습도 예술가의 눈에는 자연의 섭리와 순리를 따르기에 아름답게 보인다.

　사물의 본질을 올바르게 간파하는 사람은 어떤 시련 속에서도 불행하다고 생각하지 않는다. 무엇이든지 좋게 보려 한다. 비록 다른 사람에게는 피하고 싶은 일도 자신에게는 삶의 발전을 위해 필요한 것임을 알고 마음속에 새겨 둔다.

　사람들이 문제에 직면했을 때 걱정하고 한탄하고 분쟁하는 것은 올바른 가치 판단 능력이 부족해서이다. 사물의 상대적 위치를 제대로 볼 수 없고, 이해력이 떨어지기 때문이다.

사실 혼란에 빠지게 한 원인은 대상 그 자체가 아니다. 그 대상에 대한 자신의 생각이나 환상 혹은 이기적인 악몽이 빚어낸 허상이다.

사물의 진정한 위상을 도덕적으로 인식하는 능력을 기르고 발전시켜야 한다. 그러면 당파심이 강한 사람일지라도 온화하고 너그러운 조력자로 변할 수 있다. 지금까지 타 세력과 의견이 충돌하거나 배척했던 사람도 예언자의 통찰력과 예지력을 갖출 수 있다.

더욱이 숭고한 균형 감각을 지닌다면 건전한 의식을 확립할 수 있다. 마음에 고요가 찾아온다. 그리고 한쪽으로 치우침 없이 공정하게 판단하며, 우주의 완전한 조화를 알게 된다.

chapter 5

원칙을 확실히 지켜라

누구나 순교자를 자처한다.
하지만 진짜 순교자는 부동의 마음을 갖고
어떤 가혹한 시련이 와도
법칙을 확실히 지키며 담대히 나아간다.

진리를 추구하는 사람은 자신이 확신하고 있는 신성한 법칙을 절대로 파괴하지 않는다. 병에 걸리거나 가난해지거나 친구나 지위를 잃고 심지어 죽을 위기에 처할지라도, 절대 변함없는 진실인 이 원칙을 포기하지 않는다.

그런 사람에게는 지금 열거한 해악을 합친 것보다 견디기 힘들고 두려운 것이 바로 그 법칙을 포기하는 것이다.

보통 사람들은 시련이 주어지면 겁쟁이가 되고 양심을 부정한다. 감정과 욕망, 공포 등에 사로잡혀 '그따위 법칙은 건강과 재산이나 안락함을 주지 않는다' 며 신성한 법칙이라는 영원한 구세주에 대하여 공격을 하고 비난을 가한다. 하지만 이런 행위가 진리를 추구하는 사람들에게는 악 가운데서도 가장 심한 악, 죄 가운데서도 가장 심한 죄가 된다.

우리는 병이나 죽음의 공포로부터 벗어날 수 없다. 물론 아주 잠깐은 벗어날 수 있지만 결국에는 붙잡히고 밀 것이다. 따라서 나쁜 방법으로 회피하는 대신에 공포를 물리쳐 버리는 습관을 익히면 재난이 덮쳐도 크게 걱정하지 않게 된다.

그런 것쯤 가볍게 해결하며 재난과 같은 씨름판에서 싸워 이길 수 있게 된다.

: 궁극의 진리에 이르다

'다른 사람을 지키기 위해서라면 나쁜 짓을 해도 괜찮다'고 가르치는 사람들이 있다. 예를 들면 누군가의 행복을 위해서라면 거짓말을 해도 좋다는 식이다. 그것이 설령 나쁜 거짓말일지라도 말이다.

이것은 힘든 시련을 겪을 때는 '거짓말을 하지 마라'는 원칙을 포기해도 된다는 식으로 받아들여질 수 있다.

위대한 현자들은 이런 가르침을 전한 적이 없다. 즉 예언자, 성자, 순교자들은 이런 말을 한 적이 없다. 신성한 법칙을 깨달은 사람들은 어떤 상황이라도 나쁜 것을 좋다고 말하지 않는다. 또 거짓으로 구하거나 지키는 것은 있을 수 없다는 것을 잘 알고 있다.

잘못된 행동은 고통을 주는 것보다 더 나쁘다. 거짓말은 죽음보다도 유해하며 파괴적이다. 베드로는 예수의 생명을 지키기 위해 칼을 휘둘러 다른 사람을 상하게 했기에 예수가 베드로를 책망했다. 마음이 미성숙한 소유자는 가능하면 타인의 숭고한 생각을 지키기보다 타인의 생명을 지키는 것을 더 우선시한다.

누구나 순교자를 자처한다. 하지만 진짜 순교자는 부동의 마음을 갖고 어떤 가혹한 시련이 와도 법칙을 확실히 지키며 담대히 나아간다. 이들은 잘못을 저지르는 것, 겁쟁이가 되는 것, 비겁한 것, 거짓을 말하는 것을 두려워하고 오히려 고통과 괴로움을 마다하지 않는다.

예를 들어 적으로부터 비웃음과 조롱을 당하고, 사랑하는 사람의 눈물과 고통을 보아도, 위축되거나 자신의 신념을 바꾸지 않는다. 복된 미래와 전 세계를 구제하는 것은 이러한 극한 상태에도 흔들리지 않는 자신의 단호한 태도에 달려 있다는 것을 알고 있기 때문이다.

그 때문에 순교자들은 어느 시대를 막론하고 미덕의 상징, 구제의 중심, 전 인류를 향상시키는 데 앞장서고 있다.

그러나 자신을 지키기 위해서나 개인적으로 아끼는 소수의 사람을 위해서 거짓말을 하는 사람은 권위를 가질 수가 없다. 법칙을 어기는 순간 순교자로서 힘을 잃게 되기 때문이다. 혹시 사람들로부터 관심을 회복한다 해도 예전처럼 신뢰받을 수가 없다. 주어진 시련을 극복하지 못한 사람, 최고의 미덕을 버린 사람이라고 기억될 뿐이다.

극한 상태에 놓여 있을 때는 거짓말을 해도 괜찮다면 굳이 순교자나 성인이 존재할 필요가 없다. 법칙을 자꾸 깨뜨리다 보면 인류의 정신적 자질은 점점 어둠 속에 잠식되고 희망을 찾기 어려운 세계만이 남겨질 것이다.

: 법칙이 우리를 구원한다

다른 사람을 위해서라면 나쁜 일을 해도 용서가 된다는 생각은 '나쁜 행동이나 거짓은 불행이나, 고뇌, 또는 죽음에 비하면 하찮은 것이다'라는 전제가 깔려 있다.

그러나 정신을 고양시키려는 사람은 나쁜 행동이나 거짓말도 나쁘다는 것을 알고 있다. 때문에 설령 자신의 목숨이나 타인의 목숨이 위험에 놓인다 해도 과오를 범하거나 거짓말을 하지 않는다.

여유가 있고 모든 일이 잘 풀릴 때 법칙을 지키는 것은 쉽다. 그러나 고난과 불행이라는 어둠이 덮쳤을 때, 주위의 상황에 압박을 받게 되면 시험에 들 수밖에 없다. 이때 자아의식을 따를지 진리를 굳건히 지킬지가 판가름 난다.

법칙은 필요할 때 우리를 지키기 위해 존재하는 것이다. 법칙이 필요할 때 법칙을 지키지 않는다면 우리는 자신의 유혹이나 고통으로부터 어떻게 구원받을 수 있을까?

양심에 거리끼는 잘못을 저질러 놓고도 그 대가로 감당해야 할 괴로움과 고통을 회피하려고 한다면 괴로움과 나쁜 일은 점점 늘어날 뿐이다.

올바른 생각을 하는 사람은 괴로움을 피하기보단 잘못을 저지르지 않기 위해 신경을 쓴다.

행복이 위협받을 때, 영원히 보호해 줄 수 있는 법칙을 어긴다면 지혜롭지 못하며 안전하지도 않다. 쾌락을 위해 진실을 버린다면 쾌락은 물론 진실도 잃어버리고 만다. 그러나 진실을 위해 쾌락을 버린다면 진정한 평안이 당신의 슬픔을 덜어 줄 것이다.

저급한 것 때문에 고급스러운 것을 포기한다면 허무와 고뇌에 휩싸일 뿐이다. 영원한 것을 버리고 만다면 어디서 그토록 든든한 안식처를 구할 수 있겠는가. 그러나 고급스러운 것을 위해 저급한 것을 버린다면 그 고급스러운 것이 주는 만족으로 인해 기쁨이 넘쳐난다. 인생의 나쁜 일이나 슬픔에서 벗어나, 편히 쉴 수 있는 안식처를 발견할 것이다.

변화무쌍한 인생 속에서 변하지 않는 것을 발견하는 것, 그리고 어떤 상황에 놓여도 이것을 단단히 지키는 것, 이것이야말로 행복이며 구원이며, 영원한 평안에 이르는 길이다.

chapter 6

자아의식을 버려라

마음속에 조금이라도 '자기'라는 의식이 남아 있는 한
괴로움에서 자유로울 수 없다.

자신을 버리라고 하는 것은 정신세계의 위대한 현자들의 가르침 중 가장 기본적인 원칙이다. 자아의식, 즉 자기본위의 마음을 내버릴 때 비로소 진리를 바탕으로 한 행동을 취할 수 있다는 것이다.

　자기본위의 마음은 추방하기보다는 바꿔 나가야 하는 것이다. 자신을 버린다고 하는 것은 자기본위의 어두운 욕망을 완전히 없애라는 말이다.

　자아의식은 사라져 가거나 일시적인 것들에 대한 즐거움에 도취되어 있다. 그것은 덕이 있거나 올바른 일을 현명하게 실천하는 것과는 많이 다르다.

자아의식이란 마음속의 격렬한 욕망·선망·정욕이다. 진리를 깨닫고 변하지 않는 냉정함과 영원한 평안을 얻기 위해서는 이 자아의식을 내려놓아야 한다.

물질은 버려도 아무 소용이 없다. 정작 버려야 하는 것은 물질을 갈망하는 그 마음이다. 재산, 지위, 친구, 가족, 명성, 심지어 생명까지 버렸다 하더라도 자기본위의 독선적인 마음을 포기하지 않으면 아무 의미가 없는 것이다.

부처는 세속을 떠나 자신이 소중히 여기는 모든 것을 버렸지만 그 뒤로도 6년간을 방랑하며 진리를 구하고 고뇌했다. 그리고 마음의 욕망을 완전히 버리고 나서야 비로소 깨달음과 평안을 얻었다.

자신이 탐닉해 있는 대상만을 버려서는 평안을 얻을 수 없으며, 괴로움은 계속된다. 쾌락에 집착하는 마음, 그 대상을 얻으려는 욕망이야말로 버리지 않으면 안 되는 것이다. 그렇게 해야만 마음의 평화가 찾아온다.

: 자아의식을 버리면 평안이 찾아온다

마음속에 조금이라도 '자기'라는 의식이 남아 있는 한 괴로움에서 자유로울 수 없다. 부적절한 욕망에 사로잡혀 무가치하고 쓸모없는 쾌락을 추구하여 엄청난 고통에 빠지게 된다.

그러나 쾌락 추구의 욕망을 의식에서 완전히 제거시켜 자신을 완벽하게 내려놓는다면 더 이상의 유혹이나 괴로움은 일어나지 않는다. 즉, 자아의식을 완전히 버렸을 때 고통은 사라지고 완전한 지혜와 완전한 평안이 찾아온다.

미움은 자아의식이다. 탐욕도 자아의식이다. 부러움과 질투도 자아의식이다. 도취, 자만도 자아의식이며, 폭음폭식과 육체적 쾌락에 빠지는 것도 자아의식이다. 거짓말을 하고 이웃을 험담하거나, 화내고 복수하는 것도 자아의식이다.

자아의식을 버리는 것은 마음이나 의식 가운데 이러한 어두운 부분들을 버린다는 말이다. 처음에는 힘들지만 이것을 실천하는 순간 곧 신성한 평안이 찾아온다. 이윽고 그 평안은 오래도록 마음속에 머물게 되고 마침내 진리의 빛을 밝히면서 영원히 자리 잡는 것이다.

이처럼 자아의식을 버리면 평안이 찾아온다. 완전한 진리에 순종하는 생활을 하게 되므로 더 이상 버릴 것도 없어지고, 더 이상 괴로움과 슬픔도 없다. 변하고 사라져 가는 것들에게 더 이상 마음을 빼앗기지 않으니 더 이상 버릴 것도 없어진 것이다.

진리의 제단에 모든 것을 바친 순간, 자기본위의 사랑은 신성한 사랑에 함락된다. 그리고 신성한 사랑에는 자기본위의 사고란 없다. 오로지 완벽한 통찰과 깨달음, 완전한 평안이 있을 뿐이다.

chapter 7

나를 방해하는 것은
나 자신이다

인간의 나약함, 죄악, 잘못 등은
결국 자기 마음에서 생겨난 것이다.
이 모든 것이 자기에게 책임이 있다.

마음을 컨트롤하기 위해서는 무엇이 필요할까? 왜 자신의 마음을 완벽하게 컨트롤해야만 하는 걸까?

이것을 이해하기 위해서는 일단 많은 사람들이 갖고 있는 뿌리 깊은 착각에서 벗어나야 한다. 그 착각은 바로 '자신의 잘못은 모두 주변에 원인이 있고, 자신은 전혀 나쁘지 않다'고 생각하는 것이다.

'그 사람들이 내 앞길을 방해하지만 않았어도 나는 잘될 수 있었어', '툭 하면 놀기 좋아하는 사람과 함께 있으니 발전을 기대하기는 무리야'라는 식으로 자신의 잘못을 남의 탓으로 여기기 일쑤다.

폭력적이거나 화를 잘 내는 사람은 분노의 상황이 벌어지면 자기 잘못을 언제나 타인의 탓으로 돌린다. 문제가 발생할 때마다 착각에 빠져서 마음의 동요와 경솔함으로 갈피를 잡지 못하고 이리저리 휘둘리게 된다.

뭐든지 남의 탓으로 돌린다면 어떻게 자신의 약점을 극복하겠는가? 아예 극복하려는 의지조차 사라질 것이다. 그 대신 자신에게 상황을 유리하게 바꾸려고 하고, 점점 타인에 대한 분노만 커질 것이다. 결국 자신의 불행이 어디서 비롯된 건지는 영원히 모르게 된다.

사람들은, 자신의 부적절한 행동에 대해
자신을 그렇게 부추겼을 상대나
약하고 죄 많은 마음 탓을 하는 법이다.

– 퍼시 셸리, 비극 「첸치가(家)」 5막 1장에서

: 모든 행동의 책임은 오직 내게 있다

인간의 나약함, 죄악, 잘못 등은 결국 자기 마음에서 생겨난 것이다. 이 모든 것이 자기에게 책임이 있다.

누군가 유혹하거나 꼬드긴다 해도 자신이 거기에 마음을 내어 주지 않았다면 아무 일도 일어나지 않았을 것이다. 유혹하거나 꼬드기는 사람도 어리석지만, 그런 유혹에 넘어가는 자기 역시 공범이 되는 것이다. 즉, 자신이 어리석고 약하다는 증거이며, 그런 모든 성가신 일의 원인은 자신 안에 있는 것이다.

진실한 사람은 유혹에 흔들리지 않는다. 현명한 사람은 꼬드김을 당하지 않는다.

'사소한 행동의 모든 책임은 자신에게 있다' 라는 것을 완전하게 인식할 때 그 사람은 최고의 지혜와 완전한 평안에 이르는 길을 걷기 시작한 것이다. 왜냐하면 유혹당할 때도 시련을 이겨 내고, 타인이 저지른 잘못된 행위 앞에서도 흔들리지 않는, 자신의 성장을 위한 계기로 삼을 수 있기 때문이다.

: 참된 미덕을 소유해야 악덕에 물들지 않는다

소크라테스의 아내 크산티페는 입이 거칠기로 소문났지만, 소크라테스는 덕분에 "인내라는 미덕을 기를 수 있었다"고 감사했다.

타인의 단점을 탓하지 말고 자신의 장점으로 승화시켜야 한다. 성격이 급한 사람과 살다 보면 인내력이 길러지고, 이기적인 사람과 생활하면 남을 배려하는 마음이 생겨난다. 이것은 단순하고 알기 쉬운 진리이다.

만약 성격이 급한 사람과 함께 있어서 자신마저 급한 성격으로 변한다면 자신이 본래 성격이 급한 사람이기 때문이다. 혹은 이기적인 사람과 함께 있어 자신도 이기적인 사람이 되면 자신역시 본래 이기적인 사람인 것이다.

시련 앞에서도 자기 탓으로 생각하고 장점으로 승화시키는 미덕을 길러야 한다. 황금이나 보석과 마찬가지로 장점은 갈고 닦을수록 더욱 빛을 발하는 것이다.

'나는 미덕을 갖췄다'고 생각해도 그렇지 못한 사람에게 쉽게 굴복해 버린다면 참된 미덕의 소유자가 아니다. 자신이 그 미덕을 완전히 익히고 있는지 수시로 점검해야 할 것이다.

: 방해하는 것은 나 자신이다

진정 성숙한 인간으로 살고 싶다면 '그들이 나를 방해한다'라는 유약하고 어리석은 사고에서 벗어나 '방해하는 것은 나 자신'이라고 깨달을 수 있어야 한다.

타인의 유혹에 넘어가는 것은 내 자신에게 결점이 있기 때문이다. 이것을 이해하는 순간 지혜의 빛이 비추고 평안으로 가는 문이 활짝 열린다. 비로소 자아의식의 정복자가 되는 것이다.

다른 사람들과 교류하면 방해를 받거나 귀찮은 일이 일어날 것이라고 생각하는 사람이 있다. 이것은 무의식중에 그런 시련을 받는 걸 당연하게 여겨, 이 시련을 통해 자기 자신을 더 잘 이해하고 어떤 상황에도 흔들림 없음을 확인하고 싶어서이다.

책임이 있는 것은 자기 자신의 마음이며, 그 마음속에는 올바른 일을 행할 힘이 있다. 이것을 이해하고 받아들이면 도저히

넘지 못할 장벽도 가장 가치 있게 여겨질 것이다.

　더 이상 자신의 유약한 행동을 타인의 탓으로 돌리지 않고 어떤 상황에서도 견실하게 살아갈 수 있다. 눈앞에서 안개가 사라지듯 착각은 소멸되고 남의 유혹이라고 생각하던 것이 실은 자기를 속이던 것에 지나지 않음을 깨우치게 된다.

　흔들리는 자신의 마음을 뛰어넘게 되면 흔들리는 상태에 있는 사람들과도 멀어지게 된다. 대신 자연과 선량하고 순결한 사람들과의 새로운 만남이 시작된다. 그때는 자신이 터득한 고결한 의식이 다른 사람에게도 깨달음을 주게 될 것이다.

　숭고하라!

　그러면 다른 사람의 마음속에서

　그저 잠들어 있을 뿐인 숭고한 의식이

　위엄 있게 힘차게 일어서면서

　그대의 숭고한 의식과 마주 보리라.

　　　　　　　　　　　　　　　　– 제임스 로웰, 「소네트」 4에서

chapter 8

자기 컨트롤이 필요하다

자제에서 선행이 시작되고,
이윽고 모든 고결한 성품을 배울 수 있다.

최고의 지혜에 이르기 위해서는 배워야 한다. 최고의 가르침은 스스로를 컨트롤하는 것, 즉 '자제'이다. 경험이라고 불리는 학교에서 혹독한 벌을 받을 때가 있는데 그것은 모두 이 과제를 수행하지 않았기 때문이다.

자제심이 없으면 '구제'와 같은 말은 무의미하며 평안도 없다. 욕망을 억제하지 않으면서 왜 죄사함 받기를 원하는가? 자신의 마음의 문제나 장애를 극복하지 않고는 영원한 평안에 이를 수 없다.

자제는 더없이 행복한 길로 들어서는 문이다. 빛과 평안으로 가는 길을 안내한다.

　자제하지 못하는 사람은 이미 지옥에 있는 것과 같다. 어둠 속에서 헤매며 불안에 휩싸인다. 자제심이 결여되면 심신은 어떤 말로도 표현하기 어려운 고뇌를 겪게 된다. 자신을 컨트롤할 수 있는 훈련을 하지 않는 한 고통과 고뇌는 사라지지 않는다.

　자제심을 대신할 수 있는 것은 아무것도 없다. 누군가가 해줄 수도 없다. 늦었다고 생각하지 말고 이제라도 우리 스스로를 컨트롤하는 훈련을 하지 않으면 안 된다.

: 스스로를 컨트롤하면 거룩한 힘이 솟아난다

　우리는 자제함으로써 내재된 신성한 힘을 발휘하여 숭고한 지혜에 이를 수가 있다.

　누구나 이 훈련을 할 수가 있다. 아무리 의지가 약한 사람이라도 지금 시작할 수 있다. 시작하지 않는다면 계속 약한 상태로 지내야 하고 어쩌면 점점 약해질지 모른다.

　아무리 예수, 브라만, 부처 등 신성한 존재를 믿는다고 해도, 자신을 컨트롤해서 마음을 정화하지 않는 사람에게는 아무 일도 일어나지 않는다. 신적인 존재들을 백날 의지해 봤자, 자신에게 내재된 다툼이나 무지 및 타락적 요소에 얽매이는 한 아무 도움도 안 된다.

비방을 그만두고, 화를 참으며, 분노를 조절하고, 음란한 생각에 빠지지 않도록 해야 한다. 이것을 버리지 않는다면 그 사람의 죄를 없애는 것은 무리이다. 그런 사람을 바로잡는 것 역시 어떠한 힘으로도 불가능하다.

아름다운 꽃도 땅속에서 어둠을 견뎌야만 싹이 되어 지상의 빛을 맘껏 쐴 수 있다. 사람도 자기 안에 내재되어 있는 어둠과 싸운 뒤에야 진리의 빛을 만날 수 있다.

: 자제함으로써 자유와 영광이 찾아온다

대부분의 사람들은 자제심이 얼마나 중요한가를 잘 이해하지 못한다. 자제심이 절대적으로 필요하며, 그로 인해 얻어지는 정신적 자유와 영광을 잘 알지 못한다.

그래서 인류는 혼란 속에서 고통에 빠질 수밖에 없다. 폭력,

불순함과 부도덕한 행위, 고뇌라고 하는 것을 차분히 바라보라. 그 속에서 자제하지 못했기 때문에 얼마나 많은 문제가 발생했는지를 생각해 보라.

다시 한 번 강조하지만, 스스로를 컨트롤하는 것은 행복으로 가는 문이다. 자제심이 없으면 행복과 사랑, 평안을 누릴 수 없고, 지속할 수도 없다. 자제심이 결여될수록 의식이 혼란스럽고 인생이 갈피를 잃을 것이다.

그런데도 많은 사람들은 여전히 자제심을 익히려 들지 않는다. 따라서 질서를 유지하고 파괴적인 혼란을 방지하기 위해 개개인의 노력뿐만 아니라, 때론 국가의 법률로도 속박할 필요가 있다.

: 진정성 있는 인생을 위해 제일 필요한 덕목

자제에서 선행이 시작되고, 이윽고 모든 고결한 성품을 배울 수 있다. 자제심은 진정성 있는 정신을 갖춘 인생을 보내기 위해 제일 필요한 자질이다. 자제함으로써 고요하고, 행복하며,

평온한 길로 나아간다.

　스스로를 컨트롤하지 못하면 어떤 훌륭한 가르침이나 신앙심
이 있어도 그 숭고한 가르침을 제대로 실천할 수 없다.

　정신적인 가르침을 실천한다는 것은 지혜롭게 행동한다는 것
이다. 멋대로 행동하려는 의식을 통제해야 고매한 정신의 소유
자로 살 수 있다.

　자제하기를 꺼려하거나 싫어하다 보면 숭고한 가르침과 평상
시의 행동은 별개라고 착각하여 가르침이 삶에 적용되지 못한
다. 심지어 그런 가르침 속에는 자기본위를 내려놓거나 죄를 짓
지 않고 사는 삶은 포함되어 있지 않다고 스스로를 납득시킨다.
반면 자신이 믿는 종교와 경전에 대해서는 나름의 독특한 방법
으로 숭배를 한다.

　그러다 보니 머리로는 좋은 가르침이라는 것을 알고도 생활
에 실천이 되지 않아 분열과 혼란이 일어난다. 뿐만 아니라 자
신의 종교만을 내세우며 잘못된 믿음으로 폭력이나 비참한 분
쟁까지 일으키게 된다.

　정신적인 가르침을 실천하기 위해선 자신의 마음을 잘 살펴야 한다. 정화된 의식, 사랑이 깃든 마음, 평온한 영혼이 되어야 한다. 혹여 다른 가르침을 추종하는 사람들이 나의 가르침을 비판하더라도 굳이 변호할 필요는 없다. 다른 사람이 아닌 나 자신이 숭고한 가르침대로 존재하고 행동하고 살아가는 것이 중요하기 때문이다.

　자기 자신을 컨트롤하기 시작했을 때 비로소 그 사람은 정신을 고양시키는 가르침을 실천했다고 말할 수 있다.

chapter 9

'결과' 보다 '행동' 에
신경 써라

나쁜 행동은 좋은 결과를 불러오지 못하며,
올바른 행동은 절대 나쁜 결과를 초래하지 않는다.

"아무리 잘해도 나쁜 일은 생긴다."

흔히들 나쁜 일을 저질렀을 때에 하는 말이다. 이와 같이 어리석은 사람은 본인이 저지른 행동은 신경 쓰지 않고 그 행동의 '결과'만 주목하며 전전긍긍해한다.

좋은 결과만을 원하고 나쁜 결과는 피해가고 싶어한다면 마음은 중심을 잡지 못한다. 무엇이 옳고 그른지 판단이 힘들고, '좋은 행동을 해서 나쁜 결과를 피하자'라는 식으로 생각의 전환도 하지 못한다.

오히려 "나쁜 짓을 한 것은 내가 아닌 다른 사람의 행복을 위해 했다"고 주장하며 착각을 진실인 것처럼 왜곡한다. 이것이

더 무섭고 위험한 생각이다.

현명한 사람은 행동의 옳고 나쁨에만 초점을 맞추어 행동의 결과에 대해서는 신경 쓰지 않는다. 어떤 결과든 상관없이 무엇이 옳은 행동인가만을 생각한다. 즉, 옳은 행농만을 추구하며 결과는 신경 쓰지 않으므로 의식이나 욕망, 공포라는 무거운 짐에서 완전히 해방되어 있다.

언제나 올바르게 행동을 하는 사람은 조금 성가신 일을 겪어도 신경 쓰지 않으며, 고뇌에 찬 어려움을 당해도 당황하는 법이 없다. 그 사람이 가는 길은 알기 쉽고 바르며 확실하다. 의심이나 불확실성에서 생겨나는 혼란으로 괴로워할 일도 없다.

인도 신화에 등장하는 크리슈나 말에 의하면 이와 같이 행동하는 사람은 "행동의 결과를 생각하는 법 없이" 행동하는 사람이다(『바가바드기타』*). 그리고 크리슈나는 "이와 같이 결과에 연연하지 않는 사람은 더없이 훌륭하며 현명하다"고 말하고 있다.

---

* 힌두교 경전의 하나. 우주의 원리를 해설하거나 헌신과 행동에 대한 철학적 생각이 들어 있다.

: 올바른 행동의 씨앗을 뿌리면 그 열매도 달다

좋은 결과만을 바라고 자신이나 타인의 행복이 위험해질 것 같으면 금세 올바른 길에서 벗어나는 사람은 의심, 곤란, 난국, 고뇌에서 헤어 나올 수 없다.

결과에 쉴 새 없이 신경 쓰면서 오늘은 이런 방법으로 하다가 내일은 또 다른 방법을 시도해 본다. 주위에서 부는 바람 방향이 조금만 바뀌어도 금방 휩쓸려서 더욱더 안절부절못하게 된다. 그 결과 골치만 아플 뿐 좋은 결과를 얻을 수 없다.

그러나 결과에 신경 쓰지 않고 올바른 길만을 생각하며, 올바른 행동을 하는 사람은 마음에 동요가 없어 언제나 한결같고 갈등과 거리가 멀다. 그리고 그 행동의 결과는 달콤하고 축복이 함께한다.

나쁜 행동은 좋은 결과를 불러오지 못하며, 올바른 행동은 절대 나쁜 결과를 초래하지 않는다. 이 사실을 아는 것만으로도 놀라운 확신과 평안을 얻을 수 있다. 구하든 구하지 않든 우리는 행동의 결과로부터 달아나지 못하기 때문이다.

자기본위의 마음으로 씨를 뿌리고 진리의 법칙을 무시하는 사람들은 '결과는 내 맘대로 할 수 있다' 라고 생각한다. 하지만 결국 독선적인 마음에서 우러나온 떨떠름한 열매밖에 수확할 수 없다.

반대로 올바른 생각을 바탕으로 씨를 뿌린다면, '스스로 뿌린 씨의 결과'만 얻을 뿐이다. 내가 뿌린 씨의 결과를 바꾸지 못한다는 것을 아는 사람은 올바른 행동으로 인해 주어진 감미로운 열매를 얻을 것이다.

올바른 행동은 단순하며 복잡하지 않다. 나쁜 행동은 복잡하고 마음을 어지럽힌다. 즉, 자기본위의 마음과 충동을 버리고 올바른 행동을 확립하는 것이야말로 최고의 지혜이다.

chapter 10

어리석은 길에서
지혜의 길로

지혜는 책을 읽거나 여행을 한다고 얻어지는 것이 아니다.
오로지 삶으로 실천해야만 얻을 수 있는 것이다.

지혜야말로 훌륭한 인생으로 가는 길이다. 의심되고 애매한 것을 명확히 밝혀 주어 이해와 확신을 주기 때문이다.

　세상의 온갖 자극적인 것들과 쾌락과 감정의 소용돌이 속에서, 지혜는 침착하고 고요하고, 아름다운 것을 추구하며 결코 쉽지 않은 길을 걸어간다.

　그것은 지혜가 이해할 수 없을 정도로 복잡한 것이 아니고 오히려 소박하고 단순하기 때문이다. 자기본위의 마음으로는 분별력이 없고 경솔하여 올바른 일이나 그로 인한 기쁨을 거부한다.

: 지혜는 자아의식이 죽어야 한다

구약성경에 의하면 지혜는 "멸시를 받아 사람들에게 버림받고" 있다(「이사야」 53장 3절).

왜냐하면 지혜는 언제나 마음을 헤집는 듯한 소리로 자아의식에 날카롭게 파고들어 미욱한 사람들에게는 그 나무람이 참으로 견디기 어렵기 때문이다.

지혜를 익히려면 자아의식이 죽어야 할 정도로 상처받지 않으면 안 된다. 이 때문에 지혜는 자아의식의 적이 되고 자아의식은 반항을 꾀하지만, 그럼에도 지혜가 위협을 받거나 부정되지는 않는다.

어리석은 사람은 자신의 감정이나 욕망에 지배당한다. 어떤 일을 하든 '과연 이것이 올바른 것인가?' 하고 자문하지 않고, 어느 정도의 쾌락과 이익을 얻을 것인가를 계산한다. 정해진 법칙에 따라 감정이나 행동을 통제하기보다는 자신의 욕구 충족이 가장 우선인 것이다.

현명한 사람은 감정을 통제하고 개인의 욕망을 모두 버린다.

충동이나 정념에 동요하지 않고 무엇이 옳은 것인가를 냉정히 판단하여 행동한다. 늘 사려 깊고, 침착하고 냉정하며, 고매한 정신의 법칙을 좇아 행동을 한다.

그리고 기쁨이나 고통 같은 양극단의 감정은 초월했다.

: 올바른 생각과 올바른 행동

지혜는 책을 읽거나 여행을 한다고 얻어지는 것이 아니다. 공부나 철학을 통해서 얻을 수 있는 것도 아니다.

오로지 삶으로 실천해야만 얻을 수 있는 것이다.

훌륭한 현자의 가르침을 받았다 해도 자신의 마음을 정화하거나 컨트롤을 안 한다면 어리석은 상태에서 벗어날 수 없다. 아주 훌륭한 철학자의 저술에 정통해 있더라도, 자신의 감정에 휘둘리고 있다면 지혜에 도달할 수가 없다.

지혜란 올바른 생각과 올바른 행동을 하는 것이다. 어리석은 모습이란 잘못된 생각과 잘못된 행동을 하는 것이다. 아무리 많은 책을 읽고 배운다 해도 자기의 잘못을 알고도 고치지 않는다면 아무런 의미가 없다.

지혜는 우리에게 이렇게 말한다. 자아도취가 심한 사람에게는 "자만해서는 안 된다", 거만한 사람에게는 "겸손하라", 수다스러운 사람에게는 "말을 삼가라", 화를 잘 내는 사람에게는 "화를 누그러뜨려라"고 조언한다.

또한 원한을 품고 있는 사람에게는 "원수를 용서하라", 철없는 사람에게는 "도리를 지켜라", 음탕한 사람에게는 "육체적 욕망을 다스려라"고도 얘기한다.

그리고 우리에게 당부한다. "작은 잘못도 만만히 보아서는 안 된다. 자기에게 주어진 일을 성실히 행하라. 결코 다른 사람이 하는 일에 간섭하지 마라"라고.

: 지혜의 길은 항상 열려 있다

이처럼 지혜가 요구하는 일은 실로 단순하다. 그것을 행하는 것도 단순하다. 그러나 자아의식을 깨뜨려야 가능하므로 우리 마음속에 있는 자기본위의 생각은 지혜에 반항을 도모한다.

　자기본위의 마음은 자극적이고 욕망으로 들뜬 쾌락의 인생을 추구하여 지혜가 주는 고요와 아름다운 침묵을 싫어한다. 이 때문에 사람은 어리석은 상태에서 벗어나기 힘들다.

　지혜의 길은 항상 열려 있다. 나그네가 가시나무처럼 우거지고 뒤엉킨 어리석음의 길을 걷다 지쳐 버려도, 지혜의 길로 들어서면 언제든지 받아 준다.

　현명해지는 것을 싫어하는 사람은 없다. 다만 자기 자신이 방해를 할 뿐이다. 자신의 노력과 의지 없이는 어느 누구도 지혜를 익힐 수 없다.

　스스로 정직하고 자신의 무지함과 잘못을 깨닫는 것이 중요하다. 그리고 이런 자신을 고쳐 나가고자 의지를 갖고 노력할 때, 지혜의 길을 발견하게 될 것이다. 겸허하고 정직하게 앞으로 나아간다면 이윽고 완전한 자유의 거리에 도착하게 될 것이다.

chapter 11

기질이나 성격은
바꿀 수 있다

성격은 똑같은 것을 자꾸자꾸 반복하다가
만들어진 습관에 불과하다.
같은 것을 반복하지 않도록 노력하면
바꿀 수 있다.

"어쩔 수 없어. 그건 천성이니까."

나쁜 행동을 했을 때 변명으로 자주 하는 소리이다.

즉, 이렇게 말한 당사자의 심리엔 '이 문제에 대해서는 선택의 여지가 없다. 성격은 바꿀 수가 없다' 라는 생각이 깔려 있다.

이런 사람은 자신의 성격이 좋지 않다는 것을 알고 있어도 죽을 때까지 어쩔 도리가 없다고 굳게 믿는다. '이런 성격으로 태어났으니까 체념해야지', '아버지나 할아버지도 그랬으니까' 라는 것이 이유이다.

심지어 가족이나 친척 중에 자신의 성격이 닮은 사람이 전혀 없어도 오래전 조상 중에는 있었을 거라며 자신이 이어받은 것이라고 이유를 댄다.

그런 낡은 생각은 벗어던져 없애 버려야 한다. 말도 안 되는 이유들인 것이다. 성격은 결코 바뀌지 않는다는 생각은 모든 일들의 발전을 가로막고, 성격을 좋은 방향으로 향상시키지 못하며, 숭고한 인생을 살지 못하게 방해할 뿐이다.

: 나쁜 성격에서 고결한 성격으로

성격은 영구불변의 것이 아니다. 실제로는 바꾸기 쉬운 성질을 가지고 있다. 설령 자신의 의지력에 따라 바꾸기 힘들어도 주위의 환경에 따라 언제든지 고칠 수 있다.

성격은 고정된 것이 아니다. 같은 일을 계속하거나 '어쩔 수 없다'고 완고하게 매달리기 때문에 바꾸지 못할 것처럼 생각되는 것이다. 그런 믿음을 버린 순간부터 성격의 변화는 시작된다.

게다가 이해력이나 의지를 동원하면 기질은 언제든지 고칠 수 있으며, 진지하게 노력한다면 바뀔 수 있음을 알게 될 것이다.

사실 성격은 똑같은 것을 자꾸자꾸 반복하다가 만들어진 습관에 불과하다. 같은 것을 반복하지 않도록 노력하면 기질도 바뀐다. 다시 강조하지만, 성격은 바꿀 수 있는 것이다.

사고와 행동의 낡은 습관을 멈추는 것이 처음엔 무척 어렵다. 그러나 의지력으로 조금씩 계속 시도하다 보면 서서히 편안해진다. 마지막에는 조금도 노력할 필요가 없어진다. 그리고 새로운 좋은 습관이 만들어진다.

나쁜 성격도 점차 변화되어 고결한 성격이 된다. 이런 단계에 이르면 고통으로부터 해방되어 기쁨을 맛볼 수 있다.

자신에게 불행을 초래하는 성격에 더 이상 연연해할 필요가 없다. 그런 성격은 언제든지 버릴 수 있고, 그 함정에서 벗어날 수 있다. 진정한 자유로움을 경험하게 될 것이다.

chapter 12

자신의 자유, 타인의 자유

사람은 자신이 선택한 대로
생각하거나 행동할 수가 있다.
그리고 타인도 마찬가지로
그런 자유를 갖는다.

자신의 의식은 자신에게 모든 권한이 주어진다. 그러나 타인의 마음이나 본인 이외의 것에 대해서는 권한이 제한되어 있다. 자신의 의식에 관여할 수는 있지만 남의 의식에는 간섭할 수 없다. 자신의 생각은 선택할 수 있지만 타인이 생각해야 하는 것에는 선택할 수 없다.

자신이 원하는 대로 날씨를 조절할 수는 없지만, 자신의 의식을 조절하고 그 날씨에 대해 어떤 마음을 갖는지는 내가 결정할 수 있다.

자신의 의식 범위라면 바꿀 수 있지만 자신 외의 것은 바꿀 수가 없다. 자신 외의 세계는 다른 사람들의 의식으로 되어 있으며 자신에게 선택의 자유가 있듯이 다른 사람들에게도 같은 자유 의지가 있기 때문이다.

자신이 깨끗한 마음을 가진 사람이라도 깨끗하지 않은 사람들의 마음을 정화시킬 수는 없다.

그러나 깨끗한 생활이나 상황을 보임으로써 다른 사람에게 규범이 되어 영향을 끼칠 수는 있다. 그에게 '나도 정화하자'라고 생각하게 만들 수 있고, 빠른 시간 내에 그를 정화로 이끌 수 있다. 이때 그 영향을 받아들일지 내던져 버릴지는 그의 몫이다.

이처럼 자신이 타인에게 간섭하지 않고 규범을 보이는 정도밖에 못하는 것은 두 가지 진리 때문이다.

하나는 사람은 타인의 의식에 관여하는 권한은 없어도 자신의 의식에 대해서는 완전한 권한을 갖고 있다는 사실, 또 하나는 자신의 사고와 행동에 대한 결과를 피할 수가 없다는 것이다.

요컨대 사람은 자신이 저지른 일의 결과를 바꾸거나 피할 수가 전혀 없지만, 그 원인이 되는 사고나 행동을 바꾸는 힘은 완전히 가지고 있는 것이다. 따라서 자신이 선택한 사고와 행동의 결과에 대해서는 전적으로 수용해야 한다. 자신이 저지른 행동의 결과에서 결코 벗어날 수는 없는 것이다.

: 타인의 자유를 인정한다

법칙은 널리 적용되며, 거기에는 완전한 개인의 자유가 있다.

사람은 자신이 좋아하는 대로 행동할 수 있는 것처럼 타인도 그가 좋아하는 대로 행동할 수가 있다.

누군가는 훔칠 수 있는 권한이 있듯이, 또 누군가는 도둑으로부터 자신의 재산을 지킬 권한을 갖고 있다. 일단 자신의 사고와 뜻대로 행동했다면, 행한 그 순간부터는 더 이상 그 사고나 행위에 대해 조정할 수 없고, 결과를 받아들여야 한다. 싫다고 도망칠 수 없다.

이때 결과는 그 원인이 된 사고나 행동의 성질에 따라 결정된다. 어떤 사고나 행동을 했느냐에 따라 행복한 결과냐 괴로운 결과냐가 결정되는 것이다.

사람은 자신이 선택한 대로 생각하거나 행동할 수가 있다. 그리고 타인도 마찬가지로 그런 자유를 갖는다. 이것을 알고 인정한다면 다른 사람의 생각도 헤아리게 된다. 그렇게 되기까지 고난도 많이 겪을 것이다.

타인을 고려하지 않고 자기본위로 사고하거나 행동하는 것은 자유를 남용하는 것이며, 자유를 침해하는 것이다. 그러한 사고나 행동은 조화를 추구하는 자유의 법칙에 따라 무효가 된다. 그리고 본인도 그것 때문에 고통을 맛본다.

의식에서 무지를 걷어 내고 자신의 권한이 미치는 범위를 알아야 한다. 모든 잘못을 타인 탓으로 돌리는 것을 그만두고 타인의 의식과도 조화를 이루게 된다. 다른 사람들에게도 선택의 자유가 있다는 것을 인정한다면 정신적으로 풍요로워지고 괴로움이 소멸될 것이다.

: 독선의 두 가지 요소

자기의 이익만을 생각하고, 자기본위이며, 독선적인 것은 정신적인 관점에서 보면 모두 같은 말이다. 자기본위의 사고와 행동은 모두 자기의 이익만을 생각하며, 독선적인 노력에 해당한다.

그 결과 괴로움을 겪고, 좌절감을 맛보게 된다. 나쁜 결과를 맞는 것은 아무리 작은 일에 대해서도 자유의 법칙이 효력을 발휘하기 때문이다.

만약 자기본위의 마음이 승리하면 진정한 자유의 의미는 사라질 것이다. 하지만 자기본위의 마음은 결과적으로 고통만을 가져다준다. 자유는 지극히 고결한 것이기 때문이다.

자기 이익을 우선시하는 행동에는 독선적인 두 가지 요소가 있다.

첫째, 다른 사람의 자유를 부정한다.

둘째, 정당한 범위를 넘어 자신의 자유를 주장한다.

이런 이유로 자기 이익을 내세우는 독선적인 사람은 저절로 자멸한다. 독선적인 것은 늘 파국에 이르기 때문이다.

사람은 독선적인 마음으로 만들어진 존재가 아니다. 사람이 독선적인 마음을 만들어 내는 것이다. 즉, 우리는 자신을 존재하게 한 법칙마저 거스르는 자기본위를 고집하는 것이다.

그러나 이러한 자기본위의 마음에는 지혜는 찾아오지 않는다. 그리고 그 에너지는 잘못된 방향으로 향하고 있다. 자기본위가 되는 것은 자신의 정신적인 성질이나 힘을 잘 모르기 때문이다. 이런 무지로 인한 자기본위의 마음에는 괴로움이 따라다닌다.

그렇게 괴로움을 계속 겪다 보면 오랜 경험 끝에 드디어 자신에게 주어진 자유의 의미와 그 올바른 사용법을 알게 된다. 진실로 깨달은 사람은 더 이상 자기본위가 되지 않는다. 타인에게 이기적이라고 비난하는 일도 없을 것이며, 자신의 이익을 버리라고 강요하지도 않을 것이다.

: 모든 속박에서 해방되기

자기 이익만을 우선하는 사람은 다른 사람을 자신의 방식과 의지에 따르도록 만들려고 한다. 자기 방식만이 유일하게 올바른 것이라고 믿기 때문이다.

그래서 무모한 일에 힘을 쏟다가 지쳐 버리고 만다. 자기에 대해서라면 마음대로 행사할 수 있는 힘, 즉 자신이 선택한 방법을 다른 사람에게 강요하다가 고통을 겪는 것이다.

　이런 시도를 하는 과정에서 자신과 비슷한 경향의 사람들을 만나면 대립하게 된다. 그럼에도 자신의 주장을 내려놓지 않기 때문에 대립하는 세력이 쉴 새 없이 공격해 온다. 그럴수록 열정의 불꽃은 더 타오른다. 그리고 어느 순간 혼란과 도주, 비애가 찾아온다.

　이처럼 자기본위인 경우 자신에게 주어진 자유를 남용하고 있는 것이다. 그 결과는 엄청난 고통이다.

　자기본위가 아닌 사람은 개인적인 간섭을 그만두고 '나를' 판단 기준으로 삼지 않는다.

　온갖 독선적인 마음을 버리고 사고하기 때문에 무한한 자유를 경험할 수 있다. 자연스레 타인의 자유를 침해할 일도 없어진다. 타인이 그들 방식대로 선택하는 것은 정당하며, 상대에게도 그의 힘을 자유로이 행사할 수 있음을 이해하는 것이다.

　자기본위가 아닌 사람은 다른 사람들이 어떤 행동을 선택하더라도 고민이나 괴로움이 생길 수 없다. 상대의 선택은 상대에게

맡기고 그들에게 자신의 방식을 강요하지 않을 것이기 때문이다.

자신이 해야 할 것, 자신의 권한 범위 내에 있는 것은 오직 하나인 것이다. 즉, '다른 사람들에게 올바르게 행동해야 한다'는 것이다. 다른 사람이 자신에 대하여 행하는 것은 그에게 선택할 권한이 있고 내가 간섭할 여지는 없다는 점도 잘 이해하고 있다.

그러므로 자기 멋대로 하는 사람에 대해서 원망하거나 비난하거나 뒤쫓거나 하는 일은 없다. 이러한 것을 하지 않기 때문에 혹시라도 자신이 그런 취급을 받더라도 마음이 동요되지 않는다.

이처럼 죄 많은 마음에서 해방되면 괴로움에서 벗어날 수 있다. 자기 이익을 초월한 무사무욕無私無慾의 사람은 자유롭다. 죄 많은 마음의 노예가 되는 일도 없을 것이다. 모든 속박에서 해방되어 있다.

chapter 13

노동의 가치와
기쁨을 누려라

어떤 일을 하건 그것은 존경받아 마땅하다.
우리가 고결한 정신을 갖고 일을 한다면
세상 사람들도 고결한 일임을 인정해 줄 것이다.

"노동이야말로 인생이다."

진리로 가득한 이 말은 아무리 강조해도 부족하지 않다. 그만큼 노동에 대해 언제나 진지하고 열심을 다해 임해야 할 것이다.

반대로 '노동은 지겨운 것이다'라고 여기거나, '일을 하다 보면 안락과 쾌락 따위는 있을 수 없다'고 생각하는 사람도 있을 것이다. 노동 그 자체가 행복하고 고결한 것이라는 사실을 이해하지 못하는 것이다.

그런 경우에는 위의 격언이 전하는 의미를 마음에 되새기면서 곱씹어 볼 필요가 있다.

정신적 활동이나 육체적 활동 모두 생명의 중심이 되는 것이다. 생명이 완전히 정지하면 죽음이요, 죽으면 곧 부패가 시작된다. 활발한 활동을 하면 할수록 인생은 풍요로워진다.

두뇌노동자, 독창적인 사상가, 끊임없이 정신 활동을 하는 사람은 생기가 있다. 농업에 종사하는 사람, 원예업자 등 쉴 새 없이 육체를 움직이는 사람 역시 빛이 난다.

: 일의 가치를 인정하자

마음이 깨끗하거나 의식이 건강한 사람들은 일을 좋아하고, 일하고 있을 때 행복하다고 느낀다. 물론 일을 하면 당연히 피곤하다. 그럼에도 보람을 느끼거나 오히려 활력이 더 넘쳐서 만족감과 충실감을 느낀다.

그러나 일하는 것이 괴롭다면 노동 자체의 가치를 인정하기보다는 끙끙거리며 고민에 빠져 있거나 불평불만을 품거나 게으름 때문일 수 있다. 특히 게으름은 치명적이다. 노동이 삶이라고 하면, 게으름은 이미 죽어 있는 목숨과 같다.

일이 힘들다고 한탄하기 전에 노동 자체의 가치를 인정할 수 있도록 사고를 바꿔야 한다. 일에 대해 부정적이며 두려워하는 사람이 있다. 열심히 일해 봤자 손해를 본다고 생각하는 사람도 있다. 그런 사람은 일이야말로 활력을 주는 방편임을 이해할 필요가 있다.

혹은 일하는 것을 부끄러워하거나, 일 따위에 전념하는 것은 품위에 맞지 않으니까 피해야 한다고 생각하는 사람도 있다. 그러나 '마음이 순수하고 믿음직한 두뇌'를 가진 사람은 일을 두려워하거나 부끄러워하지 않으며, 맡은 일이 무엇이든 존경할 만한 것으로 둔갑시켜 버린다.

필요한 일이라면 그 무엇도 당신의 품위를 떨어뜨리지 않는다. 그러나 일을 좋아하지 않는 사람의 경우 자신의 일을 열등하게 생각하여 스스로 자신의 품위를 떨어뜨리는 것이다. 그것은 일 자체 때문이 아니라 자신의 비굴한 허영심이 원인이다.

인간에게는, 매일 해야 할 마음과 육체의 일이 있다.

그것이 인간의 존엄을 드러내는 것이다.

– 존 밀턴, 서사시 『실낙원』 제4권에서

　게으름을 피우면서 일을 두려워하는 사람들, 또는 열등감이 심하여 일하는 것을 부끄러워하는 사람은 모두 빈곤의 길을 걷고 있다. 아니, 이미 빈곤해져 있을지도 모른다.

　일을 사랑하는 근면한 사람, 위엄을 갖추면서 일을 찬미하는 사람은 모두 부유의 길을 걷고 있다. 아니, 이미 부를 얻고 있는지도 모른다.

　게으름이 심한 사람은 가난해져서 범죄의 씨앗을 뿌리고 있다. 열등감으로 일을 부끄러워하는 사람은 구겨진 체면의 씨앗을 이리저리 뿌리고 다닌다.

　반면, 부지런한 사람은 부유해져 미덕이라는 씨앗을 뿌리고 있다. 위엄 있는 사람은 승리와 명예를 쟁취하는 씨앗을 뿌리고 있다. 행한 것이 씨앗이 되고, 때가 차면 그에 따른 수확을 얻을 것이다.

: 자기 일에 기쁨을 가져라

　흔히들 '되도록이면 힘들게 일하지 않고 부를 얻고 싶다'고 생각한다.

하지만 이것은 일종의 도둑놈 심보이다. 일하지 않고 노동의 성과를 얻으려는 것은 타인의 노동의 성과를 가로채려는 짓이나 다름없기 때문이다. 대가도 지불하지 않고 물건을 얻으려는 것은 남의 것을 빼앗는 행위이다. 이런 정신 구조를 윤리적으로 따져 보면 '도둑'이라는 말로밖에 표현할 길이 없다.

자기 일에 기쁨을 가지자. 일을 할 수 있는 힘과 능력이 있다는 것을 기쁨으로 여기자. 열심을 다해 꾸준히 일하다 보면 그에 맞는 부도 자연스레 따라올 것이다.

어떤 일을 하건 그것은 존경받아 마땅하다. 우리가 고결한 정신을 갖고 일을 한다면 세상 사람들도 고결한 일임을 인정해 줄 것이다.

고결한 사람은 자신이 맡은 일에 대해서는 무슨 일이라도 가볍게 여기지 않는다. 일을 함에 있어 의욕을 상실하지 않고 가난할 때도 성실하고 끈기 있게 일한다. 타협하지 않고 열심히 일한 사람은 마지막에는 노동을 통한 값진 열매를 얻을 수 있을 것이다.

　이런 사람은 일하다가 실패에 직면했을 때도 늘 행복이 함께
한다.

　　자기 일을 찾은 사람은 행복하다.
　　이제 다른 행복을 추구할 필요가 없다.

　　　　　　　　－토머스 칼라일, 『과거와 현재』 제3권 11장 「노동」에서

chapter 14

사소한 일에도
올바르게 행하라

✦

'자신의 것을 우선시하지 않기'와
'올바른 방법으로 행동하기'는
모든 도덕이나 종교, 올바른 생활의 토대가 된다.

전진하라. 일어나라. 동물적인 감정을 추방하라.

마음속 원숭이나 호랑이는 죽여 버려라.

– 알프레드 테니슨, 시『인 메모리엄』에서

문화는 모두 동물적인 본능과는 거리가 있다. 진화는 향상의 과정이며, 사회의 불문율도 진화의 법칙 속에 포함되어 있다.

교육은 지적인 문화이다. 학자는 지성을 갈고닦아 완전한 것으로 만들고 있다.

정신적인 가르침을 실천하는 사람은 마음을 갈고닦아 완전한 것으로 만들려 하는 것이다.

숭고한 목적을 통해 자신의 이상을 실현하려는 사람은 자신의 성격을 개선하기 시작한다. 자신의 내면을 순수하게 가다듬어 행동이 우아해지고 상냥해지며 부드러워질 것이다.

양식 있는 행동의 바탕은 마음속에 있다. 행동은 마음속 사고와 따로 분리할 수 없다. 버릇없는 행동을 하는 것은 마음에 결점이 있기 때문이다. 마음속 결점이 표면에 드러나는 것이다.

보이는 행동은 바로 그 사람 자체를 말해 준다. 난폭한 행동을 하는 사람은 난폭한 사람일 뿐이다. 어리석게 행동하는 사람은 우둔한 사람이고, 온화하게 행동하는 사람은 신사나 숙녀이다.

난폭하고 냉정하게 행동하지만, 마음은 상냥하고 온화할지도 모른다고 생각하는 것은 착각이다. 마음속에 있는 것이 결국 행동으로 드러나는 법이다.

: 올바른 행동으로 나를 향상시키는 방법

부처가 말한 '8정도(八正道, 완성에 이르기 위한 숭고한 8가지 길)' 가운데 하나는 '정행正行'이다. 즉, 올바른 몸가짐으로 올바르게 행동하는 것이다. 다른 사람을 배려하는 마음으로 예의 있게 행동하는 모습이 몸에 배어 있지 않다면, 아직 신성한 인생의 길에 들어서지 못한 것이다.

마음의 티끌을 제거하면 행동의 티끌도 제거된다. 물론 행동이 정화되어 있으면 마음을 정화하는 데 나름 도움이 된다.

천하고 잔혹하고 불같은 성미는 짐승이라면 당연하다. 하지만 사회의 바람직한 구성원으로서 '보다 나은 인간이길 원한다면' 자신에게 있을지도 모를 동물 같은 습성을 바로 버려야 한다.

음악, 그림, 시, 예절 등은 사람을 품위 있게 만들므로 자신을 향상시키는 데 도움이 된다. 반대로, 난폭한 사람을 배우고 따라하면 타락한다. 야만스러운 것과 소박한 것은 다르며, 천한 것과 정직한 것도 같은 것이 아니다.

다른 사람을 대할 때에 친절하고 배려심이 있다면, 상냥함과 애교, 예의가 겉으로 배어 나올 것이다. '겉으로만 이러한 예의를 가장해도 괜찮겠지'라고 생각할 수도 있겠지만 결코 그렇지 않다. 가장된 위선은 곧 본모습이 드러난다. 누가 봐도 얄팍함이 밝혀지면서 어지간한 배우가 아니면 끝까지 속이지 못한다.

에머슨도 이렇게 말하고 있다.

"타산적으로 한 일은 뭔가를 바라고 한 일임이 머지않아 드러난다. 사랑 때문에 행한 일은 사랑의 마음으로 한 것임을 느낄 수 있다."

: 올바른 행동의 기본 두 가지

예의범절이 바른 아이들은 자신의 행복을 생각하기 전에 먼저 다른 사람의 행복을 생각하도록 배웠다. 가장 편안한 의자, 좋은 과일, 가장 맛있는 음식 등은 상대에게 먼저 양보할 것, 그리고 아무리 사소한 일이라도 올바른 방법으로 행해야 한다는 것을 배웠을 것이다.

이 두 가지 가르침, 즉 '자신의 것을 우선시하지 않기', '올바른 방법으로 행동하기'는 좋은 행실의 기본이 될 뿐만 아니라 모든 도덕이나 종교, 올바른 생활의 토대가 되는 것이다.

그것은 힘과 기술의 상징이기도 하다. 자신만 생각하는 사람은 감정에 치우치기 때문에 행동할 때 유약하고 서투르다. 반면 자기를 우선시하지 않고 올바르게 행동하는 사람은 강인하고 능숙하다.

에머슨은 다음과 같이 말했다.

"무엇을 하든지 방법이 있다. 예를 들면 달걀을 삶는 방법이 있듯이, 예절은 사물에 대해 올바르게 행하기 위한 적절한 방법이다."

: **올바른 방법과 틀린 방법**

흔히 이런 오해를 하는 사람이 있다.

'고차원적 인생이란 구질구질한 일상생활과는 아득히 동떨어진 구름 위의 인생이다.'

또는 이렇게도 생각한다.

'마음이 고상한 것에 빼앗긴다면 일상생활을 무시하거나 함부로 다룰 것이다.'

그러나 실제로는 어떤가. 일상생활을 적당히 하게 되면 단단한 각오는 사라지고 머리는 흐리멍덩해지면서 의지도 나약해진다.

　반면, 성실하고 의식이 명료하고 강한 정신의 사람은 일상생활에 대해 그런 식으로 접근하지 않는다. 아무리 사소한 일이라도 최선을 다한다. 이때 모든 일에 올바른 방법을 적용한다. 올바른 방법으로 한다면 어려움도 없고 시간도 걸리지 않아 수월하게 할 수 있다. 그리고 우아함과 능력, 행복감은 훨씬 높아진다.

　장인은 여러 가지 도구를 갖추고 자기만이 할 수 있는 일에 매진한다. 그리고 각 도구마다 나름의 사용법이 있고, 어떤 상황에서도 각각의 도구들에 맞는 용도 외에는 사용해서는 안 된다는 것을 배운다(그것은 경험으로 체득한다). 각각의 도구들을 적절한 장소에서 올바른 방법으로 사용하면 재주와 기능을 최대한 발휘할 수 있을 것이다.

　제자가 일을 배울 때, 스승이 가르쳐 준 것을 무시하고 자기만의 방식을 고집하며, 각 도구를 용도 외에 사용한다면 서툴기 짝이 없을 것이며 일도 실패하고 말 것이다.

　인생도 마찬가지이다. 겸허히 가르침을 받아들이겠다는 태도로 일을 올바르고 적절하게 하는 방법을 배우는 것이 중요하다.

그런 사람은 강하고 유능하고 현명해져서 자신의 사고나 행동을 컨트롤할 수 있게 된다.

그러나 일시적인 감정에 사로잡혀 무엇이든 생각나는 대로 하고 남의 가르침을 무시하는 사람은 칠칠치 못하여 보잘것없는 인생을 보낼 수밖에 없다.

: 우주는 '올바른 행동을 하라'고 우리에게 요구한다

공자孔子는 의식, 예절, 한순간의 대화 등 인생의 사소한 일에도 세심한 주의를 기울였다. 또한 중대한 나랏일이나 고상한 도덕적 법칙에 대해서도 마찬가지였다.

공자는 제자들에게 다음과 같이 가르쳤다.

"해야 할 일이 어떻게 되든 상관없다고 생각하는 것은 천하며, 어리석은 마음의 소유자이다. 현명한 사람은 자신에게 주어진 모든 과제에 세심한 주의를 기울여 올바르고 사려 깊게 정확하게 행하는 법이다."

음식을 먹는데 나이프만 사용하자고 하면 좀 갑갑하게 생각할 것이다. 왜냐하면 나이프는 썰기 위한 도구이고, 음식을 먹기 위해서는 포크가 더 좋기 때문이다. 이처럼 생활의 아주 사소한 것이라도 잘못 사용하거나 아무렇게나 사용하는 것은 발전은커녕 문제를 악화시키고 혼란을 부른다.

다른 사람에 대하여 배려하지 않는 사고와 행동을 계속한다면 행복으로 이르는 문은 닫혀 있을 것이다. 물론 그렇다고 이세상의 법칙이 엉망이라고 원망한다면 잘못된 생각이다. 자신의 이익만 생각할 경우 결국 혼란과 무질서를 초래하기 때문에 고통이나 불안을 맛보게 되는 것이다.

우주는 엄격한 법칙에 의해 유지되고 있다. 그리고 질서를 바탕으로 형성되어 있다. 우주는 '올바른 행동을 하라'고 우리에게 요구하고 있다. 지혜를 갈망하는 사람은 자신의 행동을 살피고 점검할 것이다. 그리고 사고를 정화시키고 온화하게 이야기하며 우아하게 행동할 것이다. 겉모습뿐만 아니라 내면까지도 자신의 성격을 완전히 품위 있게 개선시키는 것이다.

chapter 15

종교와 사상의
화합에 힘써라

자신의 사상은 올바르며,
이웃의 사상은 가짜라고 생각하는 사람은
자신의 사상 안에서 아직 진리를 찾지 못했다.

사상이나 신조, 종교는 여러 유파와 종파로 나뉘어져 있다. 기존의 사상과 종파의 가르침을 따르지 않고 독자적이며 새롭고 고매한 인생을 추구하려는 사람들 때문이다. 그런데 이렇게 온갖 유파가 나오다 보니 그들 중에는 함정에 빠지는 사람들도 있다.

그 함정이란 바로 자만심이다.

이들은 자신들의 사상만이 위대한 정신의 빛을 가지고 있다고 믿고 다른 사상이나 종교를 공격하고 자주 비판한다. 마치 예로부터 내려온 사상은 모두 악한 것이라도 되듯 격렬하게 공격한다.

그러나 예로부터 내려온 사상이 불온하다는 이유로 새로운 사상을 만든다고 해서 반드시 뛰어나다고는 말할 수 없다. 오히려 이전보다 더 혐오스럽거나 조롱당하는 경우도 적지 않다. 사상을 바꿨다고 해서 마음도 바뀌는가 하면, 그렇지만도 않다. 어떤 사상을 버리기는 간단하지만 자신의 마음속 죄를 속죄하는 것은 참으로 어렵다.

다른 사상이나 종파에 대하여 적대적이고 자기 사상에 대해서는 무조건적으로 신봉하며 자기들만이 옳고 뛰어나다고 생각하는 것은 피해야 한다. 정말로 경멸할 것은 자기 마음속의 죄이며, 남이 믿고 있는 대상이 아니다.

올바른 의식을 가지고 있다면 남들보다 자기가 '마음이 넓다'라며 자만할 리가 없다. 자신은 남보다 '고차원적'이라고 생각하지도 않는다. 자신이 버린 낡고 오래된 사상에 매달려 있는 사람들에게 독선적이라고 경멸할 이유도 없다.

다른 사람에게 '속이 좁다' '편협하다' '독선적이다'라는 꼬리표를 붙인다고 그 사람이 깨달음을 얻는 것은 아니다. 더욱이 이러한 소리를 듣고 기뻐할 사람은 없다.

진실로 고결한 정신을 가진 사람은 남에게 상처가 될 말은 하지 않는다.

: 사랑이 있으면 모든 사상은 화합할 수 있다

겸손과 배려를 실천하려고 노력하는 사람들은 진정으로 깨닫게 된다. 자신의 일을 겸허히 여기고 다른 사람에게 친절하게 대하는 사람, 자신의 죄에 대해서는 엄격하게 비판하지만 다른 사람의 죄에는 온화한 연민으로 봐 주는 사람, 이런 사람들은 사물의 본질과 법칙에 대해 통찰이 깊어진다. 그리고 다른 사람들 속에도, 다른 사상 속에도 진리가 존재한다는 것을 알게 된다.

그리하여 사상이 자신과 다르다고 해서 이웃을 비난하지 않으며, 구태의연한 생각에 젖어 있다고 비판하지 않는다. 사람마다 생각이 다른 건 당연하다. 이웃이 나와 다른 사상을 따르더라도 방해하거나 비난하지 말고 담담히 자신에게 주어진 일을 해 나간다면 세상은 좀 더 완벽한 평화에 가까워질 것이다.

다양한 사상이 있지만 그 모든 것에는 영원히 사라지지 않는 '사랑'을 공통적으로 내세운다. '사랑'은 사람들을 연결시켜 주는 힘이다. 그리고 이 '사랑'이 있는 사람들은 모든 사람과 다정하게 화합할 수 있을 것이다.

정신적인 가르침의 진수를 깨닫고 깊은 통찰력을 가진 사람은 불화를 일으키거나 비난하기를 피한다. 자신의 사상과 종파만을 주장하면서, 그것만이 옳다며 다른 사상이나 종파를 깎아내리고 잘못되었음을 증명하려고 하지 않는다.

진리에 눈뜬 사람은 자화자찬하지 않는다. 겸손하고 배려심이 있고 지혜롭기 때문에 다른 사람들이 믿는 사상을 흠집 내면서 자신의 사상을 치켜세우지 않는다.

ː 아소카 왕의 관대한 포고

'아소카 왕 칙령, 제12'는 다른 사상에 대한 관용을 잘 보여주는 예이다. 아소카 왕은 예수 그리스도가 탄생하기 수세기 전의 인도의 위대한 통치자이며, 성자이다. 아소카 왕은 평생을 진리의 포고에 힘을 쏟았으며 칙령에 나타나듯 아름다운 말을 실천하면서 살았다.

이 칙령에는 다음과 같은 내용이 적혀 있다.

자기의 종파를 찬양하지도 말며 다른 종파도 비판해서는 안 된
다. 이유를 막론하고 모든 종파를 존중해야 한다.

그리하면 자기의 종파도 발전하며 다른 종파에도 이익이 된다.

만약 이렇게 하지 않으면 자기의 종파에는 손해를 끼치고 다른
종파에는 상처를 입힌다.

다른 종파를 매도함으로써 자신의 종파를 자랑하는 자는 열렬한
신앙심으로 자기 종파의 명성을 널리 고양시키려는 것이지만,
도리어 자신의 종파를 더욱 깎아내리는 짓이 된다.

참으로 현명하고 성자다운 말이다. 이 말 속에는 자애의 숨결
을 느낄 수 있다.

다른 사람의 종교를 비판하기보다는 자기의 결점을 고치는
것이 옳다. 다른 사상의 나쁜 점을 폭로하여 자기 사상의 큰 뜻
을 나타낼 수 있다고 여기는 것은 뿌리 깊은 착각이다. 그런 사

람들은 실제로는 자기 종파의 평판을 떨어뜨리면서 손해를 끼치는 한심한 작업을 하고 있는 것이다.

남을 비방할 때마다 자신의 인격과 장래성에 씻을 수 없는 상처를 낸다. 마찬가지로 다른 사상을 나쁘게 말하면 자신의 사상을 상처 내고 품위를 떨어뜨리는 것이다. 다른 종파를 공격하거나 비난하는 사람은 자신의 종파가 공격당하고 비난받을 때 오히려 엄청난 고통을 겪게 된다.

만약 자기 사상이 비난당할 때 기분이 나빴다면 당신도 다른 사상에 대해 비난하지 않도록 주의해야 한다. 자신의 주장이 잘 반영되거나 지지를 받아 기쁘다면 다른 사람의 주장도 잘 들어주고 지지해 줘야 한다. 방법은 다르더라도 자신의 사상과 마찬가지로 존중을 해 줘야 한다.

그렇게 하면 편협한 당파심으로 인한 다툼이나 불행을 면할 수가 있다. 그리고 신성한 자애를 달성할 수 있을 것이다.

: 분열을 피하고 자애를 구하다

온화하고 자애로움이 가득한 사람은 격정에 쉽게 휩싸이지 않는다. 그리하여 당파 간 싸움이나, 폭력, 박해, 증오에 찬 말 등으로 재앙을 일으키지 않는다.

마음에 연민과 다정함을 품은 사람은 누구도 경멸하지 아니하며, 무시하지 않으며, 적의를 품는 일도 없다. 다정함이 몸에 밴 사람은 다른 방법으로는 얻을 수 없는 '위대한 법칙'에 대해 뚜렷한 통찰을 갖고 있다. 그리고 어떤 종파나 종교에도 좋은 점이 있다는 것을 알고 좋은 점을 수용하려고 한다.

진리를 추구하는 사람은 분열을 피하고 불쾌감을 초래할 벽을 만들지 말아야 한다. 그리고 자애를 얻기 위해 노력해야 한다. 자애가 있으면 남을 비방하지 않으며, 험담하거나 비난하지도 않는다. 자애가 있으면 다른 사람을 짓뭉개지 않고 자신을 함부로 치켜세우지도 않는다.

: 갈등을 만들어 낸 것은 적대심

진리 그 자체에는 모순이 없다. '진리는 정확하며 사실에 입각하고 있다. 일체의 망설임도 없이 확실한 것이다'라는 성질이 있다. 그럼 왜 사상이나 종파 간에는 끝없는 대립이 일어날까?

그것은 뭔가 잘못되어 있기 때문에 모순과 논쟁이 발생하는 것이다. 혼란스럽고 자기모순이 일어나는 것은 어딘가에 결함이 있기 때문이다.

예를 들면, 기독교인이 "우리의 종교가 진실이며, 불교는 틀렸다"고 하고 불교를 믿는 사람이 "기독교는 틀렸다. 불교가 올바르다"고 하면 우리는 모순에 직면하게 된다. 이들 두 개의 종교가 동시에 옳거나 틀릴 수는 없기 때문이다. 이런 모순은 진리에서 생기지 않는다. 그렇다면 어딘가에 오류가 있음에 틀림없다.

만약 이 두 종교의 열광적인 신자가 이렇게 말하거나 가르친다면 어떻게 되겠는가?

"모순은 잘못된 것에서 생겨나는 것이 맞다. 그런데 그 잘못은 저 사람들, 저 종교에 있는 것이다. 나나 우리의 종교는 잘못되지 않았다."

　이래서는 서로의 모순만 더 강하게 부각시킬 따름이다. 그럼 어디가 잘못이며, 진리는 어디에 있는 것일까. 바로 상대방에 대한 서로의 적대심이 잘못을 만들어 내고 있는 것이다. 따라서 그 태도를 바꾸어 적대심을 좋은 관계로 바꾸면, 대립이 포함되지 않는 진리를 찾을 수 있을 것이다.

　자신의 사상은 올바르며, 이웃의 사상은 가짜라고 생각하는 사람은 자신의 사상 안에서 아직 진리를 찾지 못했다. 진리를 찾으면 진리가 모든 사상 속에 존재하고 있음을 깨닫게 된다. 우주의 모든 현상의 배후엔 단지 하나의 진리만이 존재한다. 모든 사상이나 종파의 배후에도 하나의 진실만이 있다. 어떤 사상도 정신적인 가르침을 포함하고 있으며, 위대한 현자는 누구랄 것 없이 모두 같은 이치를 가르치고 있는 것이다.

: **진리란 순수한 마음**

　신약성경 「마태복음」에 나오는 '산상수훈*山上垂訓'의 가르침은 모든 정신적인 가르침 속에 포함되어 있다. 예수가 여기서 장려한 삶의 방식은 모든 위대한 현자들과 많은 제자들이 선택한 것이다.

진리란 순수한 마음, 청렴한 생활이며, 말뿐인 교의와 의견을 모아 놓은 것이 아니다. 어떤 종교도 마음을 정화할 것, 생활을 신성하게 해 나갈 것, 자비심을 기르고 자애를 가질 것, 남에게 친절을 베푸는 것 등을 가르친다. 또 좋은 일을 하고 자기본위의 행동이나 죄를 짓지 말라고 한다.

이것들은 독자적인 가르침이나 견해가 아니며 누군가의 생각도 아니다. 이러한 계율은 당연한 것으로서, 삶을 살아가면서 마땅히 실천하는 게 맞기 때문이다. 이에 대해서는 의견 차이가 있을 수가 없다. 어떤 정신적인 가르침 속에서도 인정된 진실이기 때문이다.

그럼 어디에서 차이가 생기는 것일까? 각 사상마다 자신들의 독자적인 의견과 추측, 교리가 다른 것이다. 서로 다른 의견이 나온다

---

* 신약성경 「마태복음」 5~7장에 기록된 예수의 산상설교. 윤리적 행위에 대한 가르침이 잘 드러나 있다.

면, 어쨌든 그것이 사실과 차이가 나기 때문이다. 즉, 의견의 차이로 다투는 것이지 진리 그 자체에 대해서는 다툼이 일어날 수 없다.

어떤 사상이든 진리에 대해서 알고 싶다면 의견 차이가 있어도 서로 다툼을 그만두고 존중과 배려로 대해야 한다.

무조건 남의 생각은 잘못이며 그 사상을 몰래 상처 내고 타도하려 한다면 어떻게 존중하며 행동할 수 있을까? 그렇게 되면 "자기가 원하는 일을 하듯이 상대도 하게끔 하라"는 가르침을 실천하지 못하는 것이다.

: 모든 종교는 다르지 않다

진실이고 진짜인 것은 언제 어디서나 진실이고 진짜인 것이다.

예를 들면 기독교인과 불교인의 경건함에 대한 구별은 없다. 마음을 정화하고 신앙 생활을 깊게 하고, 성스럽고 거룩한 것을 목표로 향상심을 갖고 진리를 사랑하는 일은 불교인이나 기독교인이나 마찬가지이다. 불교에서 말하는 선한 행동은 기독교에서 말하는 선한 행동과 다른 것이 없다.

죄에 대한 자책감으로 고통스러워하는 것은 기독교뿐 아니라 모든 정신적인 가르침을 실천하는 사람들의 마음속에서 우러나오는 것이다. 어떤 가르침에서도 자비심은 한결같이 중요한 것이다. 또 사랑이 필요하다는 것 역시 마찬가지이다.

모든 사상의 토대는 같고 동일한 진리를 가르치고 있다. 그러나 이런 진리를 실천하지 않고 자신이 경험한 알지 못하는 것에 대해서 의견을 늘어놓거나 가설을 세워 버리면, 자신들의 독자적인 이론과 부딪쳐 서로 논쟁을 벌이게 된다.

상대방을 비난하는 것은 상대를 박해하는 것으로 이어진다.

'나는 옳고 당신은 틀렸다' 하는 생각은 미움의 씨앗이 된다. 스페인의 이단심문(종교재판)은 이 미움의 씨앗에서 비롯되었다.

불변의 진리를 찾고 싶은 사람은 혼자만의 독단적 생각을 버리고 미움에 찬 비난을 던지는 일을 멈춰야 한다. 마음속에서 '남들은 다 틀렸다'는 유해한 사고를 털어 버리고, '틀린 사람은 바로 나'라는 사실을 깨달아야 한다.

그렇게 되면 죄를 지을 일도 없고 모든 사람에게 사랑과 친절을 베풀며 살아갈 수 있다. 또 서로 편을 가르지 않고 어떤 불화에도 가담하지 않고 조정하는 사람이 되어, 파벌을 강화할 필요도 없을 것이다. 이렇게 모든 사람에게 자애를 베풀며 살아간다면, 모두가 함께 즐겁게 살아갈 수 있다.

그리고 이런 사람은 대우주의 진리, 즉 영원한 진실을 이해한다. 왜냐하면 분열을 만들어 내는 것은 잘못된 생각과 자기본위의 마음이지만, 진리는 진리 자체를 밝히고 모든 정신적인 가르침은 하나가 되기 때문이다.

chapter 16

기적을 넘어
법칙의 세계로

'기적'이라고 생각하는 것은 법칙을 부정하는 것이다.
기적은 법칙을 따르지 않고
변덕스럽게 일어나는 것을 가리키기 때문이다.

불가사의한 것을 좋아하는 것은 인간의 본성 가운데 하나다. 그러나 이것도 정열과 욕망처럼 방임하지 말고 컨트롤하여 결국엔 없애는 것이 필요하다. 그러지 아니하면 미신에 빠지기 쉽고 이성적 사고와 통찰을 제대로 할 수가 없다.

어떤 현상이나 흐름에 대해 '기적'이라고 생각하는 것을 바꾸지 않으면, 법칙이라는 것이 질서가 있고 영원하며 은혜로 충만하다는 것을 이해할 수가 없다. 기적이라는 생각을 초월해야만 법칙이 가져다주는 평안과 확신을 얻게 된다.

아기가 볼 수 있고 세상의 일을 알기 시작하면 놀라울 정도로 뭔가에 집중하게 되고 거인이나 요정에 대한 이야기를 듣고 즐거워한다. 마찬가지로 어른이 마음의 눈을 열어 정신적인 세계를 바라본다면 놀라운 일이나 기적의 이야기에 몰두하기 쉽다.

그러나 아기는 성장하면서 어린아이 같은 티를 벗고 주위의 현상을 본래 성질 그대로 이해한다. 정신세계를 보기 시작한 사람도 정신적인 부분을 성장시켜 마음속 현실과 친숙해지면 어린아이 같은 모습의 시기를 넘어서게 된다. 그리고 안정되고 변하지 않는 이 세상의 법칙에 따라 인생을 통제해 나간다.

: 법칙은 파괴할 수가 없다

법칙은 어디서든 공통된 것이며 영원한 것이다.

더욱이 아직 밝혀지지 않은 법칙이 많지만 새로운 발견, 새로운 진리가 알려짐에 따라 '법칙이란 아름답고 안정된 것이며, 최고로 뛰어나다'는 것을 느낄 수 있을 것이다.

그리고 '법칙은 파괴할 수가 없다. 자연계의 구석구석까지 널리 퍼지고 있다'는 것을 안다면 기쁨으로 가득 찰 것이다.

우주 속에 있는 어떤 특정의 법칙은 항상 같이 작용하므로 우리는 법칙을 발견하고 이해하고 활용할 수가 있다. 그러므로 법칙은 확실한 것이다. 법칙에서 거대한 희망과 기쁨이 생겨난다.

그러나 '기적'이라고 생각하는 것은 법칙을 부정하는 것이다. 기적은 법칙을 따르지 않고 변덕스럽게 일어나는 것을 가리키기 때문이다.

: 기적을 바라서는 안 된다

자비를 갖춘 위대한 현자의 생애에는 각종 기적의 이야기가 함께한다. 그러나 그것은 사람들의 미숙한 의식에서 생겨난 것이며, 현자들은 기적이라고 강조하지 않았다.

노자老子는 '도道'라는 최고의 법칙, 도리를 가르쳤다. 이것은 기적을 인정한 것이 아니다. 그러나 도교는 현재 기적을 포함시키며 타락하고 말았다. 미신을 모아 놓은 것처럼 되고 말았다.

불교에서도 부처는 이같이 밝히고 있다.

"카르마의 법칙(원인과 결과의 법칙)이 모든 것을 지배하고 있다. 기적을 행하는 것을 목적으로 하는 제자는 교의를 이해하지 못하고 있다."

"기적을 보여 주고 싶은 욕망은 사물에 대한 욕심이 강하거나, 허영심이 커서 생겨나는 것이다."

또 다른 예로, 1886년에 사망한 인도의 힌두교 성자 라마크리슈나는 제자들이 이 시대에 강림한 신의 화신으로 간주했다. 그리고 다양한 기적이 전해지며 아직도 그 이름이 전해져 오고 있다. 그러나 그를 알리는 데 힘쓴 막스 뮐러에 따르면 이런 기적은 근거나 증거가 박약하고, 라마크리슈나 자신도 기적에 대해서는 웃어넘기며 중시하지 않았다고 한다.

∶ 법칙은 질서라는 것을 이해하다

사람이 깨달음이 깊어지면 기적이나 불가사의한 현상은 정신적인 탐구에서는 필요치 않다. 질서 정연한 법칙의 아름다움을 분명히 인식하며, 법칙에 따르는 것이야말로 마음의 세계에서는 중요하다는 걸 알게 된다.

기적 혹은 불가사의한 현상을 보여 주려는 사람, 눈에 보이지 않는 존재나 초자연적인 존재를 보고 싶어 하는 사람, '지도자'나 '정통자'로 불리는 것을 목표로 삼는 사람은 결코 진리를 인식할 수 없으며, 삶의 지극한 경지에 이를 수도 없다.

세상에 대한 유치한 호기심은 버리고 정확한 지식을 습득해야 한다. 허영심은 진실로 들어가는 길에 장애가 된다. 그 길에 들어가려면 가르침을 받는 사람으로서 한 발 물러서는 마음, 즉 겸허함이 필요하다.

진정한 현자란 기적이나 불가사의한 현상을 보여 주어야 되는 게 아니다. 한없는 인내력, 무한한 자비, 티끌 하나 없는 깨끗함, 모든 것에 있어서 마음이 평안해야 현자인 것이다.

chapter 17

전쟁을 일으키는 마음,
평화를 만들어 내는 마음

내면의 교란을 먼저 진압해야
바깥에서의 비참한 전쟁이 종식된다.

전쟁은 마음속 투쟁 때문에 발생한다. 의견이 일치하지 않거나 충돌로 인해 내면의 정신적 조화가 깨졌을 때 그것이 전쟁이라는 형식을 취해 나타나는 것이다.

　마음속에서 충돌이 없으면 전쟁은 일어날 리 없다. 역으로 말하면, 내면의 조화가 회복되지 않는 한 어떤 전쟁도 끝낼 수가 없다.

　전쟁은 공격과 방어로 성립된다. 싸움이 시작되면 양 진영의 전투원은 공격자인 동시에 방어자이기도 하다. 그래서 공격적인 수단으로 전쟁을 끝내려고 하면 전쟁이 계속된다.

　어떤 사람이 이렇게 말했다.

"나는 호전적인 태도에 대해서 철저하게 대항해 왔습니다."

이 사람은 바로 그런 의식에 의해 자신이 호전적인 태도를 기르고 실천해 온 것임을 알지 못하고 있다.

전쟁에 대해 반대 투쟁을 하면 또 다른 전쟁을 낳는다. 평화를 바라고 싸우는 것은 평화에 이를 수가 없다. 투쟁이라는 것은 모두 평화를 망치기 때문이다. 규탄하거나 싸워서 전쟁을 끝내려고 하는 것은 불 속에 장작을 집어던지고 불을 끄려고 하는 것과 같다.

: 자기 마음속의 평화가 먼저다

그러므로 정말 평화를 원하는 사람은 전쟁에 대항하는 것이 아니라 평화를 실천하는 것이다.

반면 공격과 방어를 응원하거나 실천하는 사람은 전쟁에 책임이 있다는 의미가 된다. 그런 사람들은 의식 속에서 늘 싸우고 있기 때문이다. 이런 사람들이 평화라는 것을 알 리가 없다. 자기 마음속의 평안을 얻지 못했으니 말이다.

정말 평화로운 사람은 의식 속에서 다툼이나 파벌 싸움의 욕망을 버린 사람이다. 타인을 공격하지도 않고 자신을 방어하지도 않는다. 마음이 항상 평안한 상태이다. 이런 사람은 이미 마음속에 평화 왕국의 기반을 쌓아 올리고 있다고 할 수 있다.

그리고 이 사람은 조정자가 되어 간다. 세계의 온갖 것과 대립하는 일이 없으며 어떤 상황에서도 평화를 실천하고 있기 때문이다.

평화는 매우 아름다운 것이다. 그것은 이렇게 말한다.

"내게로 오라, 내가 너희를 쉬게 하리라"(신약성경 「마태복음」 11장 28절).

논쟁, 싸움, 분파 등은 평화를 추구하는 사람이라면 영원히 버려야 하는 것이다.

개개인이 감정에 휩쓸리는 건 당연하다고 생각하는 한 전쟁은 계속될 것이다. 내면의 교란을 먼저 진압해야 바깥에서의 비참한 전쟁이 종식된다.

자아의식이야말로 거대한 적이다. 그것은 모든 분쟁을 낳고 많은 고통을 초래한다.

　따라서 지상에 평화를 가져오길 소망한다면 자아의식을 극복하고 감정을 제어하고 자신을 이기지 않으면 안 된다.

chapter 18

지금, 여기에서 우애를
실천하라

우리 가장 가까운 곳에서 우애 정신을 실천하는 것이,
전 세계인과의 우호를 실현하기 위한
첫걸음이 되는 것이다.

"전 세계 사람들에게 우애를 가져라"는 주제로 많은 저작과 강연이 행해지고 있다. 새로 설립된 여러 단체들도 그 신조를 핵심으로 다루고 있다.

그러나 가장 먼저 필요한 것은 갑자기 전 세계 사람에 대해 우애 정신을 갖는 것이 아니라, 우리 각자의 가까운 곳에서 우애 정신을 발휘하는 것이다. 즉, 우리가 일상생활에서 접하는 사람들에게 관대한 마음을 갖고 자비로움과 친절함을 베푸는 것이다. 그것은 우리를 사랑하거나 의견이 맞는 사람뿐만 아니라, 의견이 맞지 않고 적대적인 사람에게도 그럴 필요가 있다.

요컨대 진실을 말하자면, 이러한 각자의 우애 정신이 먼저 발휘되지 않는 한 세계의 사람들과 사이좋게 어울리는 것은 의미 없는 공론이다. 세계적인 우애 정신은 종점, 곧 목표이고 거기에 이르기 위해서는 각자의 우애를 실천할 필요가 있다. 세계에 미치는 우애는 장대하고 원대한 최종 목표이며, 각자의 우애 정신은 그 최종 목표를 실현하기 위한 수단이다.

: 잘못된 우애 정신

세계의 사람들에 대한 우애를 주제로 쓴 책을 읽고 있었는데, 이 책 머리말에 우애에 대해 자세한 설명이 적혀 있었다.

그런데 몇 페이지를 넘기자 같은 저자가 다른 화제로 글을 쓰고 있었다. 그것은 자신이 속한 단체의 동료를 비판하는 기사였다. 동료가 사람들에게 거짓말을 일삼고 제멋대로 행동하고 있다는 내용이었다. 거기서 비판된 대상은 적대적인 단체의 사람이 아니라 같은 단체 사람이었다. 게다가 고발당한 사람은 적어도 거짓말을 하지 않기로 소문난 평판이 좋은 사람이었다.

성경은 이렇게 말한다.

"보는 바 그 형제를 사랑하지 아니하는 자는 보지 못하는 바 하나님을 사랑할 수 없느니라"(신약성경 「요한1서」 4장 20절).

눈에 보이는 형제도 사랑하지 않는데 당연히 보이지 않는 신을 사랑할 수 없다는 것이다. 마찬가지로 자신의 동료를 사랑하지 않는 사람이 어떻게 만난 적도 없고 다양한 신조를 가진 사람이나 여러 나라의 사람을 사랑할 수 있겠는가?

우리 마음속에 원망 · 시기 · 질투 · 적의 · 증오와 같은 것이 조금이라도 남아 있으면, 전 세계인과의 우호 관계를 확산시킨다는 것은 큰 착각이다. 마음속의 악한 감정은 다른 사람을 칭찬하는 것을 싫어하고 부정하기 때문이다. 그러나 이런 착각은 깨닫기 쉽지 않으므로 매우 고차원적인 사랑과 예지에 도달하지 않는 한 잘못을 저지를 위험이 있다.

: 가까운 곳에서 먼저 우애를 실천하자

전 세계인과의 우호를 넓힐 수 없는 것은 동료가 자신과 다른 견해를 갖고 있기 때문이 아니다. 혹은 다른 사람이 자신의 사상을 믿어 주지 않기 때문도 아니다.

그것은 자신의 마음속에 악의가 남아 있기 때문이다. 자신과 다르다는 이유로 타인을 미워하고 피하고 비난하면 어떻게 될까? '세계의 사람과 우호'라는 목표를 내세우면서도 우리가 하는 말, 행동하는 모든 것이 그것에 반하는 것이 될 것이다. 그 때문에 자신들의 목표가 웃음거리가 되고 사기극으로 보일 수도 있다.

그러므로 세계인과 우호를 넓히기 이전에 자신의 마음부터 다스려야 한다. 증오와 악의를 완전히 제거해야 한다. 정말 가까운 곳에 있는 우리를 시험하는 사람들에게 호의를 갖고 대하자. 자신을 미워하는 사람들을 사랑하자. 자신을 비판하고 자신이 믿는 사상을 비방하는 사람들을 관대하게 생각하자.

한마디로, 우리 가장 가까운 곳에서 필요한 우애 정신을 실천하는 것이, 전 세계인과의 우호를 실현하기 위한 첫걸음이 되는 것이다. 그리고 개개인의 우애 정신을 갖는 데 성공했다면 전 세계에 그 우애 정신이 널리 퍼지는 것도 그리 멀지 않을 것이다.

chapter 19

슬픔을 극복하는 법

슬픔을 통해서만 슬픔이 없는 상태에 다다를 수 있다.

세상을 살아가다 보면 큰 슬픔을 만난다. 인생의 궁극적인 사실이다. 슬픔에 젖어 고뇌하는 일은 누구에게나 찾아온다. 오늘은 밝고 즐거움에 취해, 어리석은 소동을 벌이다가 내일은 슬픔 때문에 절망하기도 한다.

어느 날 갑자기 소리 없이, 그리고 확실하게 예리한 화살로 날아와 사람의 마음에 비수로 꽂혀 버린다. 즐거움을 파괴하고 희망을 타도하고 인생의 계획이나 비전 등을 산산이 부숴 버리고 만다.

비로소 거만함이 부서지고 구타당한 영혼은 삶의 숨겨진 의미에 대해 곰곰이 생각하면서 깨닫게 된다. 깊은 슬픔에 젖은 어두운 시기야말로 사람은 진리에 가까워진다.

오랫동안 고생해서 쌓아 올린 희망이 장난감 성처럼 순식간에 무너져 버릴 때가 있다.

모든 속세의 기쁨이 손바닥 안의 작은 거품처럼 꺼지고 사라질 때가 있다. 그럴 때 풀이 죽은 정신은 당황하여 현세의 풍파에 시달리고 의지할 곳도 없어진다.

이와 같이 고뇌하는 와중에 영원한 것을 찾게 되며, 영속할 수 있는 평안을 구하게 되는 것이다.

: 슬픔은 축복이라는 모습이 변한 것

예수는 "애통하는 자는 복이 있나니"라고 말했다 「마태복음」 5장 4절). 또한 부처는 "괴로움이 있는 곳에 지복至福이 있다"고 말했다.

어느 말씀이건 진리를 나타낸다. 슬픔은 여러 가지의 일을 가르쳐 준다. 그리고 우리를 정화시켜 준다. 슬픔은 인생의 끝이 아니다. 갈팡질팡하는 정신을 종국에는 평안에 이르게 해 준다.

슬픔 뒤에는 기쁨과 평안이 찾아온다.

낙담하지 말고 진리를 강하게 추구하자. 자기본위의 마음이나 감정에 휘둘리지 않도록 분투하는 전사가 되자. 슬픔에 젖는 시기는 당신에게 잠시만 할당된 것이다.

자기본위의 마음이 조금이라도 남아 있는 동안에는 유혹이 엄습해 온다. 그리고 환상이라는 이름의 베일이 마음의 눈을 혼탁하게 하여 슬픔과 불안을 일으킨다. 그러므로 마음이 답답하고 짓눌리는 듯할 때는 그 어두운 마음이 자신이 일으킨 것임을 인정할 필요가 있다.

그리고 슬픔 저 너머에 있는 구름 한 점 없는 빛 속으로 과감히 나아가자. 자신이 원인이기에 자신에게 덮쳐 온 것임을 깨닫자. 또 궁극적으로 자신에게 이익이 되지 않는 것은 자신에게 닥칠 리가 없다. 그 점을 잊어버리지 말아야 한다.

시인도 이렇게 읊고 있다.

공간도 시간도 깊은 곳이나 높은 곳이나

나를 나 자신으로부터 멀어져 가게 할 수는 없다.

－ 존 바로우즈, 시 「기다리다」에서

화려하게 빛나는 인생만이 당신 것이 아니다. 어두운 일 또한 당신 것이다.

: 고난의 잔을 받아들이다

자신의 문제나 성가신 일이 산적해 있을 때가 있다. 인생에서 실패하여 친구들이 하나둘씩 떠나 버리는 경우도 있다.

지금까지 당신을 칭찬하던 사람이 날카롭게 당신을 비판할 때도 있다.

당신에게 부드럽고 애정 어린 키스를 해 주던 사랑스러운 애인의 입술이 당신을 비웃으면서 조롱하고 바보 취급을 할 때가 있다.

당신은 혼자 외로워하고 슬퍼하면서 지낼 것이다. 어제는 당신의 사랑하는 사람이 지지해 주어 생기 있는 모습이었는데, 오늘은 버림받아 그 차가워진 몸을 잔디밭 밑의 관에 눕힐 때가 온다.

예수도 자신이 십자가를 짊어질 운명을 예견하고 겟세마네 동산에서 고뇌했다. 그리고 고난의 잔을 받아들였다. 온갖 고통이 당신에게 닥치면 '고난의 때가 왔구나' 하고 생각하자. 고뇌의 술잔은 당신 것이기에 스스로 들이켜야 한다. 묵묵히 들이켜고 불평을 해서는 안 된다.

가혹하고 어두운 한치 앞도 보이지 않는 고뇌가 밀려올 때는, 어떤 기도도 도움이 되지 않는다. 하늘에 울부짖는다 해도 달라지지 않는다.

이 고난이 지나가리라 믿으며 묵묵히 견딜 수밖에 없다. 그러는 동안 인내력이 길러진다. 투덜거리지 말며 누구도 비난하지 말며 자신의 운명이라고 고난을 받아들여 보라. 어느덧 온화한 마음으로 성장하여 활력 넘치는 삶으로 나아갈 수가 있다.

: 슬픔을 극복하다

불행의 구렁텅이에 빠졌을 때나 기운이 다해 약해지면 무력

감에 사로잡혀 의욕을 잃게 된다. 이때 신에게 구원을 얻기 위해 울부짖지만 위로받을 수 없으며, 고통도 줄어들지 않는다.

결국 슬퍼하는 것이야말로 자신을 괴롭히는 것이며 기도만 한다고 해결되지 않는다는 것을 알게 된다. 그때 비로소 사람은 자신을 내려놓을 준비를 하게 된다.

자신의 마음을 정화하고, 자기 컨트롤을 실천하는 길에 들어서게 되는 것이다. 즉, 정신을 단련할 준비가 갖추어진다. 그리고 자신을 제어함으로써 생기는 신성하고 무적의 힘을 키우게 된다.

이런 사람은 슬픔의 원인이 자신의 마음에 있다는 것을 깨닫고 그것을 제거하려 노력한다. 그러면서 인내력을 배우게 된다.

누구에게도 동정받으려 하지 않고 그 대신 모든 사람을 배려해 주려고 한다. 경솔하게 잘못을 저지르거나 후회하는 마음에 사로잡히지 않고 죄를 짓지 않기 위해 숙고한다.

셀 수 없는 좌절로 인해 겸허해지며 많은 고통으로 단련된다. 그리고 남한테 지극한 행동을 취하는 방법을 터득한다. 또 관대하고 강하며, 상냥하고 흔들리지 않으며 깊은 자비와 현명해지는 법을 배우게 된다.

이런 과정을 통해 점점 슬픔을 극복해 나간다. 마지막에는 마음속 진리를 통해 영원한 평안의 의미를 이해한다. 마음의 눈이 열려 우주의 질서를 알게 되고, 법칙을 통찰하는 힘이 생김으로써 기쁨에 찬 행복에 이를 것이다.

: 현자는 비탄해하지 않는다

사물의 진정한 조화와 질서를 알면 슬픔을 초월하게 된다.

개인의 자아는 도량이 좁아서 순간의 기쁨에 집착하고, 하찮은 실망과 불평불만으로 끙끙거리다 보면 마음에 병이 된다. 그 자아를 깨뜨리고 버렸을 때 진리가 마음에서 우러나와 행복과 평안함을 얻을 수 있다. 그리고 우주의 의지가 자아의식을 대체한다. 비로소 그 사람은 자비를 갖추게 된다. 자신의 것을 잊고 모든 사람을 사랑하게 된다. 슬픔은 진리의 축복 속에 녹아 사라지게 된다.

　이렇듯 우리는 마음에서 결코 제거할 수 없는 슬픔에 스며들 때가 있다. 그리고 자기의 잘못된 사고와 행위의 결과로서 쓴 과실을 모두 수확하고 먹게 될 때가 온다. 그 고통의 과정을 겪으면서 신성한 배려가 마음에서 우러나와 모든 상처가 치유되고 눈물이 멈추게 되는 것이다.

　그리고 새로운 거룩한 삶을 되찾게 된다. 그 인생은 슬픔이 폐부를 찌르는 고통은 더 이상 없다. 이미 그곳에는 자아의식이 없기 때문이다.

　형벌 뒤에 빛나는 모습으로의 변화가 있을 뿐이다. 슬픔을 통해서만 슬픔이 없는 상태에 다다를 수 있다. 그러므로 "현자는 비탄해하지 않는다"라는 것이다(『바가바드기타』 제2장 11절).

　이것을 결코 잊어서는 안 된다. 죄와 슬픔의 한복판에 진리의 세계는 존재한다.

　성경도 "너희 속량이 가까웠느니라"고 말하고 있다(『누가복음』 21장 28절). 즉, 우리의 구원이 가까이 온 것이다.

　괴로운 사람은 평안을 찾게 된다. 더럽혀진 사람은 정화된다.

비탄에 빠진 사람에게는 위안이 기다릴 것이다. 약한 사람은 강해질 것이고, 억압받는 사람은 억압에서 해방되어 영광이 주어질 것이다.

chapter 20

인생에서 모든 것은 변한다

변화하는 것은 좋은 일이다.
변화는 모든 성공, 모든 전진, 모든 완성을 향해
열린 문이기 때문이다.

무슨 일이건 낮은 수준에서 높은 수준으로 가고 싶고, 높은 수준에 다다르면 더 높은 수준으로 올라가고 싶어 한다. 사람들은 경험을 통해 지식을 배우고 지혜를 넓히려고 한다. 그렇게 진화를 추구한다.

진화는 향상의 별명이라 할 수 있다. 그것은 항상 변화한다는 것을 나타낸다. 그러나 그것은 뚜렷한 목적을 갖고 성장을 동반한 변화이다. 진화는 다른 질서를 가진 생물에서 새로운 생물을 만들어 내는 것이 아니다. 기존 질서에서 경험과 변화에 따라 더 나은 단계로 변화시키는 것이다. 이런 변화를 향상이라 부른다.

변화한다는 진실은 항상 우리 앞에 있다. 변화를 피할 수 있는 것은 아무것도 없다. 식물도 동물도 인간도 태어나 성장하고 시들어 간다. 위대한 태양도, 그에 따라 광활한 대우주를 진행해 가는 태양계도 수십억 년이라는 수명을 살며 수없는 변화를 거친 후에, 마지막에는 소멸된다. 어떤 생물이나, 어떤 물체도 '그대로 영원히 변하지 않는 것은 없다'. 지금 이렇게 말하는 순간에도 그것은 변화하고 있기 때문이다.

변화에는 슬픔과 고통이 뒤따른다. 사람은 지나간 것을 한탄한다. 잃어버리거나, 없어진 것을 한탄한다. 그럼에도 사실 변화하는 것은 좋은 일이다. 변화는 모든 성공, 모든 전진, 모든 완성을 향해 열린 문이기 때문이다.

의식도 물질과 마찬가지로 변화한다. 하나하나의 경험과 하나하나의 사고, 하나하나의 행위가 사람을 변화시킨다. 노인은 자신의 어린 시절과 젊은 시절과 거의 닮지 않는다.

영원히 고정되어 변화하지 않는 존재는 없다. 그런 존재를 상정한다면 어디까지나 가정에 지나지 않는다. 그것은 인간의 관측이나 지식의 범위를 넘어섰다. 변화하지 않는 존재라는 것은 진화의 틀에서 벗어난 것이라 할 수 있다.

: 사람은 완전하지 않지만 성장할 수 있다

"사람의 영적인 정신은 영원히 순수하며, 영원히 변하지 않으며, 영원히 완벽하다. 죄를 짓거나, 괴로워하며 변화하는 것처럼 보이는 것은 환상에 지나지 않는다. 사람은 영적인 정신으로 존재하며, 나머지는 현실이 아니다"라는 가르침이 있다.

또 다른 가르침도 있다. "사람은 영원히 불완전하다. 더럽혀지지 않고 정화되는 것은 있을 수 없다. 완성에 이르는 것은 불가능하며 환영에 불과하다"라고 단언하다.

이 두 개의 양극단의 가르침은 인간의 경험을 바탕으로 하지 않았다. 어느 쪽이든 인생의 사실에 반하는 추상적인 논의이다. 이 두 가지 극단적인 주장을 신봉하는 사람들은 사람이 매일 경험하는 흔한 사실의 존재마저 부정한다. 가정한 것을 현실과 혼동하여 인생의 진실을 비현실이라고 말하게 된다.

따라서 이와 같은 극단적인 사고방식을 피하고 경험을 바탕으로 한 중도를 찾는 것이 낫다. 쓸데없는 탁상공론이 아닌 인생의 현실에 대해서 말하는 것이 좋다.

사람은 태어나서 성장하고 노년에 이른다. 슬픔과 고통, 이상을 품고 기뻐한다. 그리고 항상 지금보다 정화되는 것을 기대하고 완성을 향하여 분발한다. 우리는 이런 사실을 봐야 한다. 이는 탁상공론도 아니고 추상적인 논의도 아니다. 보편적인 사실인 것이다.

사람이 이미 완전하다면 굳이 개선할 필요가 없는 것이다. 정신적인 가르침들도 소용없으며 어리석은 것이 된다. 사람은 완전하지 않은 존재이기에 완전을 향해 나아가는 것이다. 만약 사람이 정화된 상태나 완성에 이르지 못한다면 향상심과 분투는 의미가 없어진다. 그런 일을 했다가는 웃음거리가 될 게 뻔하다. 오히려 고상하고 거룩함을 추구하는 사람들을 얕잡아 볼 것이며 부정될 게 틀림없다.

우리 주위에는 죄가 있고, 슬픔과 괴로움이 있다. 하지만 위대한 현자들의 인생을 보면 죄도 없고 슬픔도 없는 신성한 경지에 이른 것을 알 수 있다. 그래서 사람은 불완전한 존재이지만 완성에 이르는 것이 가능하며 완성할 수 있도록 노력해야 한다. 신성한 경지를 강하게 원한다면 거기에 도달할 것이다.

　사람은 현실적이며 완전한 상태와 비현실적이고 불완전한 상태인 두 개의 존재를 조합한 모순된 존재가 아니다. 사람은 하나이며 현실로 존재한다. 그리고 그 경험은 현실의 것이다.

　사람이 불완전한 것은 분명하지만 그 사람이 전진하며 진보하는 것 또한 분명하다.

　인생의 진실에 대해서 추상적인 논의는 필요 없다. '모든 것은 변화하고 진화한다는 법칙에 지배되고 있다' 라는 것만으로도 충분하다.

　가령 "사람은 영원히 죄를 짓지 않으며 완벽하다"라고 주장하는 사람이 죄와 결점, 병이나 죽음에 대해서 얘기한다면, 이야기 자체가 이치에 맞지 않을뿐더러 모순이다. 그러나 이것들은 인생에서 실제로 대처해야 할 현실인 것이다. 즉, 일상생활에서 당연히 인식되는 것들의 존재를 이들은 추상적 이론을 내세워 부정하는 것이다.

　또 완성에 이르는 것은 불가능하며 환영이라 말하는 사람이 향상심을 갖거나 분발하면 이치에 맞지 않다. 하지만 실제로는 그런 사람도 완성을 위해서 자신을 극복하려고 끊임없이 노력하고 있는 것이다.

: 경험하는 것은 변화하는 것

　이론을 고집한다고 피할 수 없는 것을 피할 수 있는 것이 아니다.

　"병이나 늙음, 죽음 등은 현실이 아니다"라고 말해도 병에 지고 늙음에 굴복하고 죽음에 이르러 소멸된다.

　변화는 불가피한 것만이 아니며, 끊임없이 계속되는 법칙이며, 한결같은 법칙이다. 변화가 없다면 모든 것은 영원히 그대로이고, 성장도 발전도 없다. 불완전한 인간이지만 모든 인생을 통해서 열심히 분투하면 완성에 이를 수 있다.

　모든 사람이 위를 올려다보는 것은 끊임없이 상승하려는 증거이다. 향상심과 이상, 정신적인 목표는 사람이 불완전하기 때문에 품는 것이다. 이것을 뒤집어 보면 틀림없이 앞으로 달성할 수 있기 때문에 목표로 삼는 것이다.

그것은 불필요하거나 산만한 것이 아니다. 세상이라는 이름의 직물에 짜여 있는 것이다. 그것은 우주의 불가결한 에센스이다.

사람이 무엇을 믿든, 한 가지 분명한 것이 있다. 사람은 인생의 흐름 속에 존재하고, 사고하고 행동해야 하는 것이다. 사고하고 행동한다는 것은 경험한다는 의미이다. 그리고 경험하는 것은 변화하고 성장하는 것을 말한다.

사람은 누구나 죄의식을 갖고 있다. 이는 사람이 순수해질 수 있다는 것과 통한다. 나쁜 것을 싫어하는 것은 선에 다다를 수 있다는 또 다른 의미이다. 사람은 잘못된 행동으로 괴로워하지만, 그것은 마지막에 틀림없이 진리라고 불리는 아름다운 길에 도착한다는 의미이기도 하다.

chapter 21

'무상'이라는 진리

무상의 중심에 영원한 것이 가로놓여 있다.
단지 영원하고 변화하지 않는 실체를
환영의 그림자가 덮고 있는 것이다.

가끔 무상無常이라는 진리에 대해 깊고 진지하게 명상하는 것이 좋다.

명상을 통해 우리는 '만들어진 것에는 모두 끝이 있다' 라는 것을 이해하게 된다. 그토록 오래도록 존재하는 것들도 결국엔 마지막을 맞이할 과정에 있는 것이다. 이러한 명상을 함으로써, 마음이 온유해지고 깊이 이해하며, 인생의 신성한 본질이 무엇인지 완전히 알게 된다.

여러 가지 사물에 대해 '이것은 내일도 나의 것 그대로이다' 라고 생각한다고 해서 영원히 변하지 않고 나의 것으로 남아 있을 수 있을까?

생각이나 의식조차도 계속 변화하고 있다. 이전의 성격은 죽어 없어지고 새로운 성격이 만들어진다. 삶은 언젠가는 죽음에 이른다. 그대로인 것은 아무것도 없다. 그대로 유지되는 것 또한 아무것도 없다. 사물은 태어나고 사라져 간다. 이 세계에 와서는 떠나 버린다.

고대의 성자는 "눈에 보이는 우주는 마야(환영)"라고 말했다. 그것은 즉 '영속하지 않는 것은 실체가 아니다'라는 의미이다. 변화하고 쇠퇴해 가는 것은 눈에 보이는 것의 성질일 뿐이다. 그리고 그런 것은 곧 사라지기 때문에 실체가 아니라 착각에 불과하다는 것이다.

: 사물은 쇠퇴해 간다

실체의 세계로 올라가려고 하는 사람, 진리의 세계에 도달하려는 사람은 불확실한 견해를 물리치고 우선 '인생에서 모든 것은 변화한다'라는 사실을 이해해야 한다.

자신의 물건들, 자신의 육체, 자신의 기쁨, 그리고 그 기쁨을 주는 것은 언제까지나 소유할 수 있다며 자기를 속이고 굳게 믿는 것을 그만둬야 한다. 꽃도 나뭇잎도 시들어 떨어진다. 이와 같이 때가 되면 모든 것은 끝을 맞이한다.

무상이라는 진리를 이해하는 것은 예지의 단계로 한 걸음 나아간다는 것이다. 왜냐하면 이게 충분히 이해되고 그 가르침이, 마음속 깊이 파고들었을 때, 슬픔의 원인이 되는 '변화하기 쉬운 것'에 대한 집착을 버리기 때문이다. 그 집착을 버린 뒤에는 진리를 탐구하려는 마음이 속도를 내게 된다.

괴로움이 깊어지는 것은 사람들의 마음속에서 덧없는 것을 한없이 소유하려는 욕망 때문이다. 또 비록 가졌다 해도 유지할 수 없는 것을 계속 소유하려 하기 때문이다.

변해 가는 것에 대한 집착을 포기하면 슬픔은 사라진다. 본질적으로 영속하지 않는 것을 소유하고 싶은 욕망을 마음속에서 제거하면 비탄은 사라진다.

어제까지 사랑하는 대상을 자기 것으로 생각하던 수많은 사람들이 오늘은 그것을 잃고 슬픔에 빠져 있다. 본래대로 돌아갈 수 없는 것에 대해서 비탄하는 것이다.

: 무상이라는 것에 집착하지 않기

사람은 웬만해선 경험에서 배우는 게 한계가 있다. 또 지혜도 좀처럼 깨우칠 수 없다. 몇 번이나 탄식하며 고뇌하고 슬퍼해도, 무상이라는 진리를 마음에 새길 수가 없다.

덧없는 것에 매달리는 사람은 슬픔에서 벗어날 수 없다. 그 슬픔의 강도는 매달리는 세기에 비례한다. 마음속에서 변화하는 것에 매달리는 사람은 슬픔의 원인을 끌어안고 있는 것이다.

사람이 예지를 찾기 어려운 것은 사물에 대한 집착을 버리지 않기 때문이다. 많은 사람들이 변해 가는 대상에 집착하는 것을 행복이라 오해하며 슬픔의 원인이 아니라고 믿고 있다.

그런 사람들은 불안에서 벗어나서 평안한 인생을 영위할 수가 없다. 욕망을 멈출 수 없고, 욕망이 충족되어 얻어지는 눈앞의 순간적 기쁨을 영원히 계속될 기쁨으로 혼동하기 때문이다.

비탄이 널리 확산되는 것은 사물의 진정한 질서를 이해하지 못해서다. 슬픔의 근본에는 '사물은 모두 덧없는 것이다'라는 진실을 인식하지 못하는 데 있다.

언젠가 사라질 것을 소유하거나 보존하고 싶다는 욕망이 마음에서 제거되었을 때 인생의 심각한 고뇌에 대해 통찰할 수 있다.

슬픔을 끝낼 수 있는 방법은 사물을 있는 그대로 보는 것이다. 혹은 사물은 덧없는 것임을 깨닫고 마음과 의식에서 변화해 가는 것들에 대한 집착을 분리하는 것이다.

변화해 가는 것들에는 올바른 사용법이 있다. 올바르게 쓰면서 자신들이 함부로 소유하려고 하지 않는다면, 그것이 사라졌다고 해도 슬픔을 일으키는 일은 없다.

: 진리 속에 영속적인 기쁨을 발견

어떤 부자가 이런 마음을 가졌다고 하자.

'내게 있는 부와 재산은 내 것이 아니고, 내 것이라고도 할 수 없다. 세상을 떠날 때 가져갈 수 없기 때문이다. 부와 재산은 올바르게 사용하도록 나에게 맡겨진 것이다. 그래서 최선을 다해

서 세상 사람들을 위해 쓰자.'

　이런 생각을 하는 사람은 사치스러운 것에 둘러싸이고 책임 있는 지위에 있다 해도, 슬픔을 극복하며 진리에 접근할 수 있다. 또한 가난한 사람이 부와 재산을 함부로 탐내지 않는다면 걱정도 불안도 느끼지 않는다.

　인생의 순리를 올바르게 이해하고 마음에서 자기본위의 욕심과 집착을 버리는 사람. 사물을 슬기롭게 적재적소에 쓰되 소유하지 않는 사람. 마음을 단련하고 의식에서 모든 욕망을 제거하여 어떤 변화의 한가운데에 있어도 침착과 냉정을 유지하는 사람. 이런 사람은 진리를 찾게 되고, 진실과 마주 볼 것이다.

　모든 잘못 가운데에는 진리가 존재하고 있다. 무상의 중심에 영원한 것이 가로놓여 있다. 단지 영원하고 변화하지 않는 실체를 환영의 그림자가 덮고 있는 것이다.

　그 실체는 사랑과 배려, 지혜와 청정淸淨이며, 이것이 아닌 것들을 마음속에서 포기해야만 발견되는 것이다. 사랑과 배려, 지혜나 맑고 깨끗한 것은 변화해 가는 요소가 없고 슬픔도 없고 두려움도 없다.

　무상이라는 진리가 충분히 이해되어 무상이라는 진리에 포함되는 과제가 충분히 습득되었을 때, 사람은 영원불변의 진리를 발견할 수 있다. 그리고 슬픔을 낳는 자기본위의 요소를 마음에서 떼어 내게 된다.

　진리야말로 보물이라고 하는 사람, 지혜에 따른 인생을 보내는 사람은 사라지지 않는 것에 대한 기쁨을 손에 넣는다. 슬픔에 가득 찬 땅을 떠나서 환영이라는 이름의 큰 바다를 건너 슬픔 없는 해변에 도착한다.

절대 꺼지지 않는 빛

수많은 의견과 이론이 난무하고 그 생존경쟁에 말려들면 진리를 구하는 사람은 길을 잃어버린다. 과연 어느 쪽으로 가야 영원한 평안으로 가는 길을 찾아낼 수 있을까? 무엇을 기반으로 해야 불안정성과 변화의 슬픔에서 헤어 나올 수 있을까?

쾌락을 추구하면 평안을 얻을 수 있을까? 쾌락 자체는 나쁜 게 아니다. 하지만 목표로서 또는 기반으로 쾌락은 아무 쓸모가 없다. 쾌락만을 추구한다면 인생의 괴로움은 더욱 늘어날 것이다.

쾌락만큼 덧없는 것이 있을까? 한순간의 쾌락으로 만족을 얻으려는 마음만큼 공허한 것이 또 있을까? 그래서 쾌락 속에는 영원한 기반은 없다.

　　부와 세속적인 성공으로 평안을 얻을 수 있을까? 부나 세속적인 성공도 나쁘지 않지만 그것은 변화가 많아 불확실한 재산이다. 그런 것만 찾는 사람은 많은 걱정과 고생에 시달리게 된다. 호화롭지만 부서지기 쉬운 집에 역경의 바람이 휩쓸 때, 그 사람은 무력해지며 노천 상태라는 것을 깨닫게 된다.

　　비록 평생에 걸쳐 이런 재산을 유지하더라도 죽음의 순간에는 아무런 위안이 될 수 없다. 그러니까 부와 세속적인 성공에는 영원한 기반은 없다.

　　건강하면 평안을 얻을 수 있을까? 건강은 나름대로 중요하다. 건강을 포기하거나 소홀히 해서는 안 된다. 그러나 건강은 언젠가 죽을 육체에 관련된 것이라 결국은 잃어버리게 된다. 비록 백 년간 건강이 유지되더라도 육체의 에너지가 소모되고 눈에 띄게 쇠약해질 때가 다가온다. 건강에는 영원한 기반은 없다.

　　진심으로 사랑하는 사람들이 기반이 될까? 사랑하는 사람들은 그 사람의 인생에서 중요한 위치를 차지한다. 선을 나누어 줄 수 있는 대상이 되어 주어 진리에 도달하는 데 도움이 된다.

깊은 애정으로 사랑하는 사람들을 소중히 여기고, 자신보다 사랑하는 사람들에게 필요한 것을 먼저 생각할 수도 있다. 그러나 곧 이별할 때가 다가온다. 그리고 혼자 남게 된다. 사랑하는 가족은 영원한 기반이 아니다.

여러 가지 경전을 통해 평안을 찾을 수 있을까? 경전 역시 중요하지 않을 수 없다. 진리의 길 안내로 좋은 역할을 해 준다. 그러나 기반이 되어 줄 수 없다. 경전을 암기했어도 마음속에 갈등이나 불안이 남는다. 세상에 널리 퍼진 이론들은 계속 변화하는 것이다. 그리고 원전의 해석은 너무 다양하고, 끝이 없다. 경전도 영원한 기반이 아니다.

여러 현자에게 평안을 찾을 수 있을까? 현자는 우리를 인도해 주는 길 안내자로서 우리의 형편을 잘 살피게 해 준다. 그러나 현자는 넘치고, 실력 차이도 많이 난다. 가령 자신의 선생님이 될 사람이 진리를 알고 있다 해도 그 사람은 또 다른 필요를 찾아 곧 떠난다. 현자에게는 영원한 기반은 없다.

독거하면 평안이 찾아올까? 독거는 그 자체가 좋은 일이고,

진리 탐구에서 필요한 것이다. 그러나 영속하는 기반으로서 독
거를 추구하면 물이 없는 사막에서 갈증으로 죽어 갈 사람처럼
된다.

군중 속에서나 도시의 시끄러움에서 벗어났더라도 자기 자신
을 피할 수는 없고 마음의 불안으로부터 자유로울 수 없다. 독
거에는 영원한 기반은 없다.

그럼 쾌락, 성공, 건강, 사랑하는 사람, 경전, 현자, 독거에도
기반이 없다면 영원한 평안을 주는 성역을 구도자는 어디에서
발견할 수 있을까?

올바른 것 속에서 기반을 찾아야 한다. 정화된 마음이라는 성
역을 향해서 날아가야 한다. 죄가 없는, 깨끗한 인생의 길로 들
어서기 위해 인내심을 갖고 걸어가면 드디어 자신의 마음속에
있는 진리라는 이름의 영원의 신전에 도착하게 된다.

진리 안에서 기반을 얻은 사람은 현명한 이해와 사랑에 가득 찬
확고한 마음속에 기반이 있기 때문에 쾌락이 찾아오든 고통이 찾
아오든 달라지는 것이 없다. 부자이든 가난하든, 성공하든 실패하

든, 건강하든 병이 들든, 사람을 사랑하든 싫어하든, 독거이든 시끄러운 군중 속에 있든 달라질 건 없다. 그리고 경전과 현자에게도 의존하지 않는다. 진리의 본질이 직접 가르쳐 주기 때문이다.

그리고 두려워하거나 슬퍼할 것 없이 모든 사물에 존재하는 변화와 쇠퇴를 인식하게 된다. 이때 길을 찾은 사람은 평안이 있는 영원한 성역에 들어갔다고 할 수 있다. 즉, 마침내 꺼지지 않는 빛을 찾은 것이다.